中国博士后科学基金项目（2017M611761)资助

汇率制度选择
对货币政策独立性与有效性的影响研究

胡小文 ◎ 著

中国财经出版传媒集团
经济科学出版社
Economic Science Press
·北京·

图书在版编目（CIP）数据

汇率制度选择对货币政策独立性与有效性的影响研究／胡小文著．--北京：经济科学出版社，2023．6

ISBN 978－7－5218－4793－2

Ⅰ．①汇…　Ⅱ．①胡…　Ⅲ．①货币政策－研究－中国　Ⅳ．①F822．0

中国国家版本馆 CIP 数据核字（2023）第 095478 号

责任编辑：侯晓霞
责任校对：易　超
责任印制：张佳裕

汇率制度选择对货币政策独立性与有效性的影响研究

胡小文　著

经济科学出版社出版、发行　新华书店经销

社址：北京市海淀区阜成路甲 28 号　邮编：100142

教材分社电话：010－88191345　发行部电话：010－88191522

网址：www．esp．com．cn

电子邮箱：houxiaoxia@ esp．com．cn

天猫网店：经济科学出版社旗舰店

网址：http://jjkxcbs．tmall．com

北京密兴印刷有限公司印装

710×1000　16 开　11．5 印张　180000 字

2023 年 12 月第 1 版　2023 年 12 月第 1 次印刷

ISBN 978－7－5218－4793－2　定价：48．00 元

（图书出现印装问题，本社负责调换。电话：010－88191545）

前　言

开放经济条件下的“三元悖论”假说认为，资本自由流动的情况下，实行固定汇率制度意味着货币政策独立性丧失，浮动汇率制度是保持货币政策独立性必不可少的条件。这一关于汇率稳定和货币政策独立性关系的推断，曾对各国汇率制度的选择和货币政策的实施起了重要指导作用。2008 年全球金融危机的教训是，即使一国实施富有弹性的汇率制度，该国的货币政策仍可能失去独立性，经济体受到国际资本冲击仍可能爆发危机，即二元悖论。若二元悖论成立，则表明在开放经济条件下，除非进行资本账户管制，否则货币政策独立性无法维持，这会对一国货币政策制定产生巨大影响。然而，现阶段我国正处于汇率制度改革、资本项目渐进开放和加强货币政策配套运用的全方位转型时期。这些特征都违背了三元悖论与二元悖论，因此不能直接用这些理论来指导我国的汇率制度改革，也不能用来直接研究对货币政策独立性与有效性的影响。如何在三元悖论基础上，结合中国的经济特征，构建相关理论研究汇率制度改革对我国货币政策独立性与有效性的影响这一长盛不衰的课题，具有重要的理论与实践意义。本书聚焦于以下研究内容：

第一，梳理西方主要国家和新兴发展中国家的汇率制度选择与货币政策效果之间的关系，为后面的理论与实证分析提供经验基础。

第二，在三元悖论基础上，结合我国的资本管制特征，构建模型框架研究汇率制度选择对数量型与价格型货币政策实施效果的影响。

第三，进一步考虑我国外汇管制特征，构建包含外汇储备管理汇率政策分析框架，研究我国汇率制度选择对货币政策实施效果的影响。

第四，考虑当前我国的双支柱政策，跨境资本宏观审慎管理会取代资本管制成为常态化政策，构建包含跨境资本宏观审慎政策的分析框架，研究我国汇率制度选择对货币政策实施效果的影响。

通过研究发现以下结论：

第一，汇率制度与货币政策独立性、有效性之间没有必然的关系，与经济体的经济特征及外部环境密切相关。

第二，在资本半开放状态下构建 DSGE 框架研究表明，政策有效性方面，无论是数量型还是价格型货币政策，汇率弹性增强均能提升政策有效性；政策独立性方面，汇率弹性增强会提升价格型货币政策的独立性，但是会降低数量型货币政策的独立性；资本高度流动和富有弹性的汇率制度搭配可以增强我国价格型货币政策的独立性，但不能增强数量型货币政策的独立性。

第三，在外汇干预汇率视角下构建的 DSGE 框架研究表明：汇率弹性增强，泰勒规则政策下货币政策独立性逐步增强，但是包含外汇干预汇率的货币政策独立性并不会越来越强，而是呈现先强后弱的态势，货币政策有效性均能增强。随着汇率制度改革和资本账户开放的同步推进，外汇干预下的货币政策独立性与有效性都会下降。

第四，跨境资本宏观审慎视角下构建 DSGE 分析框架研究表明：只要是利率调控汇率，无论是否使用跨境资本宏观审慎政策，汇率弹性增强会提升货币政策的独立性与有效性。这与采用外汇储备管理汇率政策框架下的结论相反，因为外汇储备管理汇率会导致利率与汇率渠道不通畅，固定汇率制度反而能保证货币政策独立性与有效性。社会福利损失分析表明，货币当局调控通货膨胀的同时兼顾产出、汇率和金融的稳定，可采取宏观审慎与外汇管理浮动相结合的政策框架。

胡小文

2023 年 4 月

目　　录

第一章
引　言

第一节　研究背景与问题的提出

货币政策拥有独立性意味着货币政策能够根据国内经济形势的需要来制定，不受外部经济因素影响。货币政策不独立意味着国内货币政策不能完全依据国内经济形势来实施，而是会受到外部经济因素的影响，从而无法灵活使用适合本国经济形势的货币政策。当一国经济周期和中心国家的经济周期不一致时，该国货币政策缺乏独立性会使本国货币政策被动受到中心国家货币政策的影响，实施和本国经济形势不相符的货币政策，从而会削弱中央银行宏观调控的能力，给国内宏观经济带来负面影响。

长期以来，学术界主要从不可能三角假说来探讨汇率制度与货币政策独立性的关系，但是2008年以后，“两难选择”成为学术界关注的热点。“两难选择”是指金融全球化背景下，无论汇率制度是否浮动，只要资本自由流动，一国的货币政策将不具有独立性，资本自由流动和独立的货币政策两者之间存在冲突。因此，一国仅在资本账户存在管制时才有可能保证货币政策的独立性，而更为灵活的汇率制度无法保证货币政策的独立性。

从中国人民银行官方公布的人民币汇率制度改革来看，2015年8月以后，人民币汇率弹性有明显提升。然而，从中国货币政策的实践来看，2015～2017年，中国货币政策受到外部经济因素的影响似乎更大。2001～2017年，虽然中国利率政策在一定程度上受到美国货币政策的影响，但是中国利率政策并没有表现出和美国利率保持很强的同步性，中国在一定程度上拥有货币政策独立性。因而，单从不可能三角假说和“两难选择”判定中国货币政策的独立性似乎无法说明所有问题。理解人民币汇率制度和中国货币政策独立性的关系不能直接套用蒙代尔-弗莱明模型、不可能三角假说或“两难选择”，需要拓展现有的相关理论。

我国的实际情况是：货币政策多元化，不能满足三元悖论和二元悖论的条件，汇率制度中间化，同时保持着资本管制。这就意味着人民币汇率制度选择对中国货币政策独立性的影响具有一定的独特性，需要在一个更贴近中国实际情况的理论框架下分析汇率制度选择对中国货币政策独立性的影响。

第二节　研究意义、思路与方法

一、研究意义

（一）理论意义

从三元悖论分析框架来看，当前最前沿的是基于M-F-D模型的小型开放动态随机一般均衡模型（NOEM-DSGE）。该模型的货币政策规则是基于西方发达经济体，不能反映我国的经济典型事实。本书将我国资本半开放、外汇管理汇率、跨境资本宏观审慎等特点融入DSGE框架，为我国汇率研究提供了更符合现实的分析框架，同时也提供了更全面的传导机制研究。从研究内容来看，发达经济体的货币政策独立性与有效性是统一的；但我国存在诸多限制，两者并不等价。国内多将两者分开研究甚至混同。本书在统一框架下研究货币政策独立性与有效性，并探讨两者之间的关系。

（二）现实意义

2017年初，中国外储六年来首破3万亿美元大关，在人民币兑美元汇率游走在破“七”边缘以及防范跨境资本流动风险等背景下，时任中国人民银行行长周小川首次定义经济对外开放的“三驾马车”概念，同时提到进一步金融开放的重要性（管涛，2017）。那么，在当下中国应该如何进一步推进金融开放？风险如何把控？本书以汇改为研究切入点，考虑资本账户改革，将国际环境如资本外流、国际贸易冲击等纳入框架，模拟分析汇率市场化改革对货币政策效果和社会居民福利损失的影响；并进一步探讨我国不同汇率制度下货币政策目标的选择，为汇改期间的货币政策选择提供参考，也能为金融改革路径提供借鉴。

二、研究思路

本书研究框架如图 1 -1 所示。

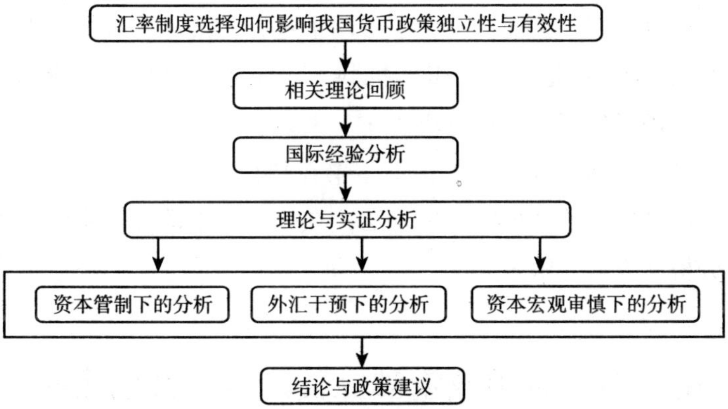

图 1 -1 本书的研究框架示意

三、研究内容

第一，梳理西方主要国家和新兴发展中国家的汇率制度选择与货币政策效果之间的关系，为后面的理论与实证分析提供经验基础。

第二，在三元悖论基础上，结合我国的资本管制特征，构建模型框架研究汇率制度选择对数量型与价格型货币政策实施效果的影响。

第三，进一步考虑我国外汇管制特征，构建包含外汇储备管理汇率政策分析框架，研究我国汇率制度选择对货币政策实施效果的影响。

第四，考虑当前我国的双支柱政策，跨境资本宏观审慎管理会取代资本管制成为常态化政策，构建包含跨境资本宏观审慎政策分析框架，研究我国汇率制度选择对货币政策实施效果的影响。

四、研究方法

第一，新开放经济宏观经济学——动态随机一般均衡模型。近些年来，NOEM－DSGE 模型被国内外学者广泛应用于国际宏观经济领域的研究。本书拓展成符合我国经济特点的双目标双工具 NOEM－DSGE 模型，并采用贝叶斯估计确保模型框架的适用性。

第二，反事实分析法。反事实分析法是由对不真实的条件或可能性进行替换的一种思维过程。当前被不少学者用来进行实证经济分析。本书构建的 DSGE 模型，能够很好地避免卢卡斯批判，在保证模型所表现的经济结构不变的前提下，进行反事实模拟分析。

第三，贝叶斯估计等计量方法。本书在估计模型参数时常用估计方法：校准方法、广义矩估计和贝叶斯估计法；在分析货币政策效果时，主要采用脉冲响应分析和方差分解等方法。

第三节　货币政策独立性与有效性的定义

货币政策是指中央银行为实现其特定的经济目标（一般是稳定物价和促进就业）而采用的各种货币政策工具的总称。基准利率或货币供应是常见的货币政策工具。中央银行应该根据不同的经济形势采取“紧缩”“宽松”“适度”的货币政策。货币政策有时会受到国内政治力量或外部经济因素的影响，即货币政策独立性受到影响。货币政策是否具有独立性可以从两个角度进行理解：第一个角度是货币政策是否独立于本国的政府部门；第二个角度是国内的货币政策是否会受到外部经济因素的影响。第一个角度可以认为是货币政策的对内独立性。货币政策对内不独立是指其不能独立于政府部门，中央银行货币政策会受到国内政治力量影响。通常情况下，政府部门希望中央银行实施扩张性货币政策提高经济增长率和增加就业，这会产生通货膨胀压力，而中央银行的目标是维持国内物价稳定。因此，第一个角度下，汇率制度选择不会对中央银行独立性产生直接的显著影响。由于本书的研究主题是汇率制度选择对中国货币政策独立性的影响，因而本书研究的货币政策独立性并非中央银行对内独立性。

一般来说，货币政策独立性指中央银行可以根据本国经济形势运用恰当的货币政策工具，而不受到外部货币政策环境的干扰。若是货币政策工具独立，那么它可以根据本国的经济形势作出调整。经济过热时，实施紧缩性货币政策工具；经济过冷时，实施扩张性货币政策工具。对于中国而言，货币政策不仅会受到国外货币政策的影响，而且还受到本国国际收支失衡的显著影响。本书把本国国际收支失衡看作是影响中国货币政策独立性的重要影响因素，原因是中国的国际收支失衡外生于国内外货币政策的变动，并且长期保持着巨额的双顺差。过去二十多年，除个别年份，中国长期保持结构性国际收支双顺差。同时，中国选择钉住美元汇率制或有管理的浮动汇率制，从而本国国际收支失衡会导致国内货币供应内生化。因而，本书研究的货币政策独立性指中国货币政策是否会受到国外货币政策和本国国际收支失衡的影响。

货币政策有效性是货币政策达到货币当局希望实现的目标的有效程度。它取决于四个因素：一是货币政策时滞。如果政策时滞有限，而且分布非常均匀，中央银行就可以预先采取措施；如果分布不均匀，中央银行的预测能力将下降，反周期的货币政策就会失去效力。二是微观经济主体的心理预期。在理性预期假定条件下，人们的心理预期变化将削弱甚至抵消货币政策的效果。三是金融制度变革。金融制度的变化会增加货币定义的困难，改变货币流通速度，改变人们货币需求的利率弹性。它还可能使国际金融市场的变化迅速传导到国内，增加货币政策控制的难度。四是政治因素。此外，经济体系中还存在着无法控制的“外部冲击”，如石油价格上涨、技术革命，都有可能影响货币政策的有效性。

第四节 结构安排与创新之处

一、结构安排

第一章，引言。阐述研究背景与意义，本书的研究内容、研究方法、可能的创新点与结构安排等。

第二章，相关理论与文献综述。相关理论主要是介绍与该研究密切相关的三元悖论、二元悖论、利率平价理论的发展；文献综述与相关理论研究紧密相连，从理论的拓展与研究方法角度梳理文献。

第三章，汇率制度选择与货币政策效果：国际经验。主要从经验角度寻找汇率改革与货币政策绩效之间的关系，为后面的实证分析提供思考。

第四章，汇率制度改革、货币政策独立性与有效性：资本管制 DSGE 政策框架下的实证模拟。考虑了我国的资本管制因素，将其纳入 NOEM - DSGE 框架，在统一框架下分析汇率制度改革如何影响数量型和价格型政策的政策有效性和独立性。

第五章，汇率制度改革、货币政策独立性与有效性：外汇干预 DSGE 政策框架下的实证模拟。进一步考虑我国汇率政策的特征，使用外汇储备而不是利率工具稳定汇率，构建利率调控通货膨胀、外汇储备管理汇率的双目标双工具政策 NOEM - DSGE 框架，研究我国汇率制度选择与货币政策效应、经济波动的关系。

第六章，汇率制度、货币政策独立性与有效性：跨境资本宏观审慎 DSGE 政策框架下的实证模拟。未来我国的资本管制将向跨境资本宏观审慎过渡，在理论分析和国外跨境资本审慎管理经验分析基础上，构建包含跨境资本影响国内经济与金融环境的宏观审慎政策 NOEM - DSGE 框架，研究跨境资本审慎如何影响货币政策绩效，跨境资本宏观审慎政策的实施是否影响汇率与货币政策绩效的关系，如何搭配跨境资本审慎政策、货币政策、汇率政策，才能有效地实现宏观经济和金融的双稳定。

第七章，研究结论。总结本书的主要结论并提出政策建议。

二、创新之处

第一，在统一框架下研究货币政策独立性与有效性并探讨两者之间的关系。货币政策独立性与有效性均是我国政策制定和实施关注的问题。由于金融经济自由化程度高，国外文献中货币政策独立性和有效性具有统一性。但在我国两者不等价，国内研究多将两者割裂开来研究。开放经济下，我国货币政策很可能面临独立性下降但是有效性上升的情形，需要在一个统一框架下厘清两者之间的关系，更好地为货币政策服务。

第二，拓展 NOEM - DSGE 模型。融入中国货币政策多目标多工具特征，融入我国资本半开放特征，融入跨境资本管制特征等构建符合中国的三元悖论分析框架。传统框架虽然已经考虑到我国货币政策有管理汇率的目标，但多采用利率来稳定汇率，构建的货币政策框架实质上是拓展的泰勒规则，这与西方发达经济体的政策操作事实对应。但我国采用外汇储备干预汇率，汇率影响经济的传导机制有别于西方经济体。我国的货币政策特征具有多目标多工具不完全冲销特征，因此本书构建了双目标双工具 DSGE 模型，拓展了 NOEM - DSGE 模型。

第三，将汇率制度和跨境资本流动的宏观审慎结合。着重考虑了汇率对跨境资本流入渠道的影响，从实证方面证明各经济体中不同汇率制度将如何影响宏观审慎效果，从而有助于解释为何同一种工具在发达国家和发展中国家可能呈现不一样的效果。

第四，深入分析汇率制度影响货币政策独立性与有效性的各种渠道。研究不同汇率制度下这些渠道的综合效应。开放经济下影响货币政策独立性与有效性的渠道有利率平价渠道、外汇干预渠道、不完全冲销渠道和国际贸易渠道等，这些渠道的影响有正有负，不同汇率制度下各机制影响大小还会变化。现有研究多从某一渠道视角分析，这是当前研究结论不一致的一个重要原因。本书将这些机制纳入一个大框架下，既能分析单个渠道的影响变化，又能多渠道综合分析。

| 第二章 |

相关理论与文献综述

第一节　相关理论

分析货币政策独立性的主要理论有蒙代尔－弗莱明模型、不可能三角理论、“两难选择”和利率平价理论等。其中，不可能三角理论指出在资本自由流动时，固定汇率制度下一国货币政策不具有独立性，而浮动汇率制度下一国货币政策的独立性得以保证。不可能三角理论是后续研究根据蒙代尔－弗莱明模型总结得出的，并在理论和政策上得到广泛应用。二元悖论是在2008年金融危机后发展起来的理论，该理论认为只要资本流动，货币政策就无法保证独立性，即汇率制度与货币政策独立性无关。利率平价理论是汇率的决定理论，也是理解不可能三角等理论的基础。

一、蒙代尔－弗莱明模型

为解决“米德冲突”——固定汇率制度下，汇率工具无法使用。要运用财政政策和货币政策同时实现内外部均衡，在政策取向上常常存在冲突。蒙代尔与弗莱明进一步扩展了米德对外开放经济条件下不同政策效应的分析，说明了资本是否自由流动以及不同的汇率制度对一国宏观经济的影响，形成了蒙代尔－弗莱明模型（Mundell-Flemming Model，M－F模型）。该模型是IS－LM模型在开放经济中的形式，是一种短期分析，假定价格水平固定；该模型又是一种需求分析，假定一个经济的总供给可以随总需求的变化迅速作出调整，经济中的总产出完全由需求方面决定。

蒙代尔－弗莱明模型的目的是要证明固定汇率制度下的“米德冲突”可以得到解决。如图 2－1 所示，在该模型中，经常项目净差额是实际收入（Y）和利率（R）的函数；资本项目净差额是本国与外国利差的函数；实际收入（Y）是货币政策和财政政策的函数，它随政府支出（G）的增加而增加，随利率的提高而减少。

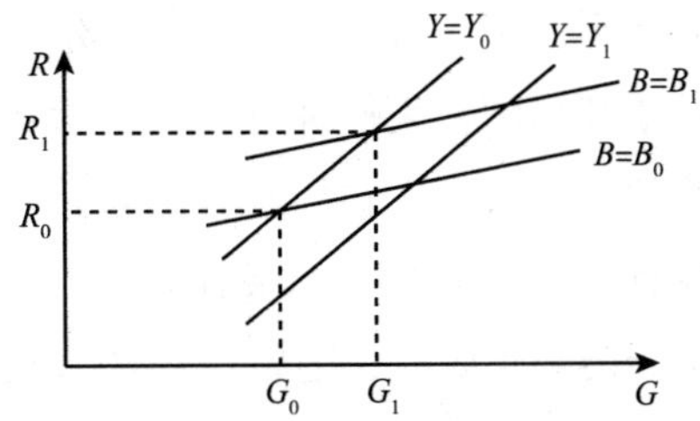

图 2－1　蒙代尔－弗莱明模型

如图 2－2 所示，M－F 模型认为，固定汇率制度下货币政策无效。因为当中央银行企图通过增加货币供应量、使得 LM 曲线从 LM_1 向 LM_2 方向右移的方式来降低利率、刺激总需求时，本国利率水平下一旦下降到 CM 曲线之下，在资本自由流动的条件下，会引起资本外流，并对外汇汇率产生升值压力。在固定汇率制度下，中央银行为了维持汇率的稳定，会被迫向外汇市场卖出外汇，买入本币。这会使货币供应量减少，使 LM 曲线反过来向左上方位移，并返回其初始位置，从而使中央银行增加货币供应量、降低利率、刺激总需求、增加产出的努力发生逆转，并最终失败。因此，在固定汇率下，货币当局不能自主决定货币供应量和 LM 曲线的位置，也不能有效地影响利率水平，所以货币政策是无效的。

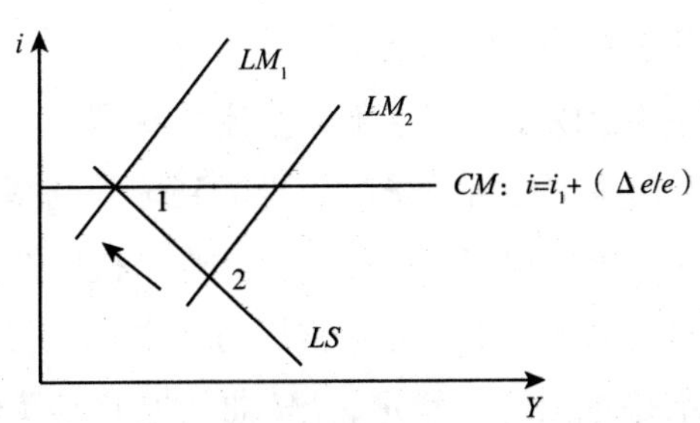

图 2－2　固定汇率制度下的 M－F 模型

从理论渊源来看，蒙代尔－弗莱明模型承袭了凯恩斯主义传统的分析方法，同时又吸收了米德（Meede，1951）内外均衡的思想和国际收支弹性－吸收理论的部分观点。通过分析，蒙代尔－弗莱明发现：货币政策在固定汇率下对刺激经济毫无效果，在浮动汇率下则效果显著；财政政策在固定汇率下对刺激经济效果显著，在浮动汇率下则效果甚微或毫无效果。

蒙代尔自己认为，要对蒙代尔－弗莱明模型的应用有所限定，模型的结论并非不可避免，它们并不适用于所有国家。蒙代尔－弗莱明模型应用最好的三个国家是美国、日本和德国，它们拥有强大的货币。这绝非偶然。这三大经济体，拥有最发达的资本市场。它们实施财政扩张时的各种条件，都能够保持货币紧缩。很少有发展中国家（如果有的话）适合同样的结论。原因之一是：发展中国家实施财政扩张时，通常都伴随着放松银根和外部投机资本对本国货币的冲击。对许多发展中国家来说，货币政策和财政政策没有多大区别。原因是：首先，这些国家没有以本国货币交易的发达资本市场；其次，紧跟财政赤字之后，很快就出现货币扩张。蒙代尔个人不用蒙代尔－弗莱明式的国际宏观经济模型来分析发展中国家的经济问题。

二、不可能三角理论

不可能三角理论是诸多学者在蒙代尔－弗莱明模型基础上分析总结出来的，主要内容是：资本自由流动汇率固定和货币政策有效是不能同时共存的，只能选择其中两个。克鲁格曼将这个理论加以概括，形成不可能三角理论。不可能三角理论是国际经济学中的一个著名论断。但是，该理论是高度抽象的，只考虑了极端的情况，即完全的货币政策、完全的固定汇率和完全的资本自由流动，并没有论及中间情况。

图2－3和图2－4反映了在资本不完全流动状态下，浮动汇率和固定汇率制下国外利率上升对本国经济的影响。当受到国外利率上升的冲击时，一国的 BP 曲线会上移至 BP_1。固定汇率制下，国外利率上升，国内出现资本外逃进而造成国际收支赤字，本币有贬值压力。中央银行在外汇市场上，卖出外汇买进本币以维持本国汇率稳定，LM 曲线左移至 LM_1。最终，经济体在 B_1 点实现内外部均衡。相比于初始的均衡状态，最终均衡状态的变化包

括利率上升、货币供应量减少以及产出水平下降。浮动汇率制下，国外利率高于国内利率导致国内出现资本外逃和国际收支赤字，中央银行不干预外汇市场，本币贬值。本币贬值会使 BP_1 曲线下移至 BP_2。同时，本币贬值会促进出口，进而带动经济增长，IS 曲线右移至 IS_1。最终，经济体在 A_1 点实现内外部均衡。与固定汇率制相比，国外利率上升对于国内利率的影响幅度较小，并且对货币供应量无影响。

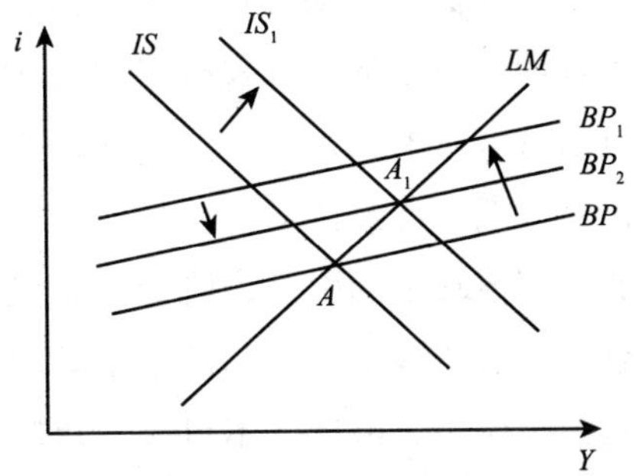

图 2-3　浮动汇率制下国外利率上升的影响

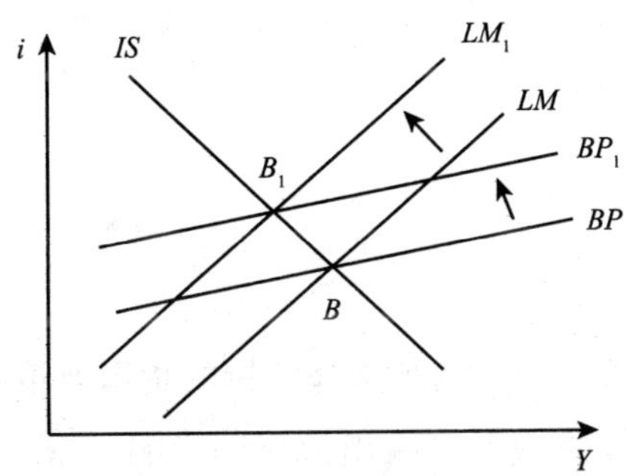

图 2-4　固定汇率制下国外利率上升的影响

通过对 IS - LM - BP 和无抛补利率平价理论的分析，浮动汇率制并不能完全隔绝国际利率的影响，但是相对于固定汇率制而言，它能在一定程度上有效增强货币政策的独立性。具体而言，浮动汇率制下，国外利率变动对国内利率有一定影响，但是相对固定汇率制而言，影响更弱一些，并且货币供给不会受到影响。

不可能三角的前设条件与现实存在差距。首先，不可能三角中的三角，即资本自由流动、汇率固定和货币政策有效，实属三个极端情况，在现实中几乎是不能够存在的。现实中资本往往不是完全的自由流动，汇率也并非完全固定，更多的是以中间形式存在。即使是以美国为主导的发达世界国家，也并非就完全不干预汇率。克鲁格曼承认：不可能三角并不意味着不存在中间状态，在资本自由流动的条件下，货币当局要同时维持利率和汇率的稳定，就需要大量干预市场。其次，近年来频频爆发的金融危机表明，即使是在货币政策有效、汇率浮动和资本流动的情况下，仍有可能会爆发危机。此时，宏观审慎政策对于管理金融市场可以发挥更大的作用，将宏观审慎政策纳入宏观政策框架，可以有效缓解三角冲突。宏观审慎管理的运行机制是结合传统和创新型工具，逆周期条件经济运行，从而实现防范经济风险特别是系统性风险的目的。宏观审慎政策的引入，犹如在蒙代尔三角中增加了一个角，按照一个政策目标需要对应一个独立的政策工具的丁伯根准则，显然增加宏观审慎政策将起到积极作用。最后，不可能三角假说中的货币政策并没有指出是数量型货币政策还是利率政策。很多实证研究把不可能三角假说中的货币政策独立性定义为一国的利率水平能否独立于国际利率水平（通常是美国利率水平）。然而，新兴经济体的货币政策表现为多工具特征，甚至表现为数量型为主。

三、两难选择

与不可能三角假说类似，两难选择分析的货币政策独立性是一国货币政策是否会受到强经济体货币政策溢出效应的影响。雷（Rey，2015）认为在金融全球化的背景下，全球存在资本流动、资产价格和信贷增长的全球金融周期，中心国家的货币政策能够从多个方面影响其他国家的货币和金融环境。中心国家货币政策可以通过影响全球风险因子，造成跨境资本流动规模产生变化，进而影响一国的货币政策环境。因而，不可能三角已经转变为两难选择。两难选择指资本自由流动和独立货币政策两者之间存在冲突，不管汇率制度是否浮动，只要资本自由流动，一国的货币政策将不具有独立性。一国仅在资本账户存在管制时才有可能保证货币政策的独立性。

奥布斯特费尔德（Obstfeld，2015）总结二元悖论的三条理论依据，即影响货币政策独立性的三种渠道：一是利率渠道，其表现为美联储、欧央行等大规模经济体的货币政策具有明显的全球溢出效应（Eich-green，2013）；二是海外信贷渠道，2008 年金融危机后，全球主要经济体采用量化宽松的政策，使得全球资本流动量与全球借贷量逐渐增大（Gourinchas & Obstfeld，2011），海外信贷将通过借贷渠道与资产负债表渠道影响货币政策的独立性（范小云等，2015）；三是金融周期渠道，伍戈和陆简（2016）证明，全球避险情绪的跨国传染将提升本国风险溢价水平，削弱本国货币政策的独立性，刘金全等（2018）也证明，全球避险情绪下，我国经济二元悖论的特征逐渐显著。

四、利率平价理论

利率平价理论的思想萌芽源于 19 世纪 60 年代，德国经济学家沃尔塞·洛茨在研究远期外汇理论时就关注利差与远期汇率关系。20 世纪初期，凯恩斯进行了补充阐述，构建了古典利率平价模型。利率平价模型反映了远期汇率决定理论：均衡汇率是由外汇市场上的抛补套利交易形成。在国内外有利差条件下，追逐利润最大化的资金必然从低利率国流向高利率国，但是套利者比较两国金融资产时，还要考虑因汇率变动产生的外汇风险。因此，均衡汇率状态时套利活动停止，两种资产的收益率完全相等，远期差价正好等于两国利差。利率平价理论具有很强的实践意义，它表明通过调整国内利率可以影响汇率走势，一般提高国内利率则币值上升；反之币值下降。

根据投资者对风险的偏好假设不同，利率平价理论分为无抵补利率平价理论和抵补利率平价理论。

1. 无抵补利率平价理论。一个重要假设是：投资者风险偏好呈现中性，此外，该理论认为假定不存在套期保值，因此可以直接反映利差与未来预期汇率这两者间的关系。也就是说，如果本国利率高于外国利率，逐利的资本为利差流入，从而使预期汇率升值，而且利差与预期汇率的变动幅度应当保持一致，反之亦然。

2. 抵补利率平价理论。无抛补利率平价里的投资者风险偏好设置中性，实际上与现实不符。现实生活中，大多数投资者厌恶风险，更追求稳定的收益。他们经常通过套期保值等方式，试图抵消即期汇率波动带来的风险。因此，该理论假定所有的投资者都厌恶风险，同时，由于金融市场中远期或外汇期货交易较多，同样假定套利资本自由流动，且无交易成本。由于资本套利行为，一旦本国利率升高，那么就会导致即期汇率贬值、远期汇率升高，汇率的升水最终会与国内外的利差持平。

利率平价理论从资本流动角度解释了远期汇率与利率的相关关系，但是该理论存在局限性。首先，该理论的三个假设都过于理想化，不符合现实经济运行规律；其次，外汇市场套利是存在成本的，与该理论的假设前提不符；最后，市场中的大量投机行为若支配市场，则该理论难以成立。凯恩斯就曾指出，要使利率平价理论完全适用于各国，则资金自由流动、足够大的套利空间和资金，三项都不可或缺。

蒙代尔 – 弗莱明模型基础上发展起来的不可能三角理论和利率平价定律是目前金融改革次序论的基础，然而这两个理论本身不符合当前我国经济现状。这两大理论本身也在随着世界经济形势变化而不断地发展，从假设条件金融市场完全开放到现实世界中价格存在黏性、经济人具有理性预期、资本存在管制等。本节结合我国经济现实，将以上理论融入动态随机一般均衡框架进行实证分析，研究不同改革次序下的经济波动与货币政策效果，为三项金融改革次序论研究提供实证支持。

五、利率与汇率的相关理论

（一）利率影响汇率机制

利率主要通过两个渠道影响汇率：第一个渠道是国际资本渠道，理论基础为利率平价理论。当国内利率大于国外利率时，国际资本就会流向国内，但是投资本国资产需要兑换成本币。市场上本币需求增大，本币升值；反之则本币贬值。第二个渠道是实体经济渠道，国内利率上升相当于提升投资成本，投资需求下降，消费的机会成本增加也会降低消费需求。投资和消费需求下降引起总需求下降，通货膨胀降低，有利于本国产品出口而不利于进口。因此，外汇供大于求，本币升值。反之则本币贬值。

（二）汇率影响利率机制

汇率主要通过两个渠道影响利率：第一个渠道是物价渠道，当本币贬值时，本国进口商品价格相对上涨，若进口品无替代品或者需求弹性较小时，容易引起输入型通货膨胀；本币贬值也会从出口角度引起通货膨胀，因为国内出口品竞争力增强会导致过多的货币追逐过少的商品，带动国内商品价格上涨，引起需求拉动型通货膨胀。面对汇率贬值引起的通货膨胀，中央银行会提升利率来缓解通货膨胀。第二个渠道是国际资本流动渠道，当本币贬值时，短期逐利的国际资本会外逃，甚至进一步加剧贬值预期。国际资本外逃会变相增加货币供给量，在货币需求不变下引起短期利率下降。

（三）利率—汇率传导机制条件

由前面的分析发现，利率与汇率之间相互影响需要满足三个基本条件：首先是国内利率要有弹性，利率变化由货币供求决定；其次汇率要市场化，汇率变动由外汇市场供求决定；最后资本流动要不受管制。

以上三个条件要满足国内货币市场、外汇市场和资本市场高度自由化。目前我国三个市场的现状是，利率还存在一定程度管制，汇率仍弹性不足，资本市场不能完全自由兑换。这些都阻碍了利率与汇率之间的相互传导，如资本无法自由兑换与汇率弹性不强都降低了利率对资本流动的影响，使得利率难以通过国际资本渠道影响汇率。因此，利率—汇率传导渠道在我国还不够畅通，不能成为我国主要的货币政策渠道。但是，利率—汇率渠道仍能够发挥一定的作用，且随着我国三大市场的逐步完善，该渠道必然成为未来我国货币政策的一个重要渠道。然而，当前我国三个市场的不完善给本章研究利率与汇率市场化先后顺序问题增加了难度，要根据以上的利率—汇率传导理论，并结合我国经济特征进行研究。目前，关于两者次序研究多使用理论或者经验分析，缺乏结合我国数据的实证分析。本书使用符合我国经济特征的小型开放动态随机一般均衡框架，模拟分析利率市场化先行完成或者汇率市场化先行完成情形下的经济波动，进而探究出改革的最佳次序，为当前相关研究提供实证上的补充。

六、金融摩擦与金融脆弱性

（一）金融摩擦

20 世纪 70 年代以来，宏观经济学的基本假设前提是经济中无摩擦，因此资本具有充分的流动自由，会自动流向高收益率的投资项目。但是随着债务危机、金融危机等现象的出现，这一基本假设受到学术界的批判。由于金融市场不是完全有效市场，其市场中必然存在许多金融摩擦，特别是金融市场的信息不对称等问题使资本的再分配受到严重制约。因此理解金融摩擦将负向冲击且放大对宏观经济的影响，是研究金融稳定、金融体系和宏观经济互动性以及宏观金融政策的关键。

金融摩擦是指金融资产在交易中存在一定难度，这种难度源于交易双方在自身风险、收益之间的权衡和反应，使资金在流动过程中发生与完全市场条件下不同的传导和分配机制，且往往是削弱了资金的流动性。它可由交易一定数量某金融资产的最佳占用时间来测定，也可由即时交易所需要的价格让步来测定。从概念上讲，金融摩擦是由于市场在经济结构方面的不完善所导致的交易成本增加的因素（蒋冠，2004）。伯南克和戈特勒等将金融摩擦纳入经济周期波动中，提出了金融加速器理论，其成为金融摩擦影响宏观金融风险传染以及扩大最重要的机制。金融加速器将金融市场看成一个加速装置，经济中一个微小的冲击经“加速装置”的作用演变成一个足以引发宏观经济剧烈波动，甚至是经济危机的因素。在信息不对称下，债权人只能通过“信号”来推断债务人的类型及其真实信息，这一信号甄别过程必然会产生金融摩擦。金融市场上无效率的行为包括：经济繁荣阶段银行盲目扩张信贷和衰退阶段恐慌性紧缩银根，不但导致资金的无效配置，还会放大和加速冲击对经济的影响。若企业受到负向冲击，冲击同样会通过金融加速器机制导致实体经济加速和过度衰退。在房价下跌的冲击下，金融市场缺陷放大并加快了危机的蔓延。

卡罗米尔斯和拉米雷斯（Calomiris & Ramirez，1996）将金融摩擦分为信息成本、控制成本、监督成本和市场分割四大类，这些金融摩擦普遍存在于金融市场。外部冲击对实体经济的影响具有不确定性，金融加速论认为金融市场缺陷会通过乘数效应放大和加速冲击在实体经济中的传导。虽然金融摩擦的复杂性和不确定性使得金融市场的缺陷难以准确把握，但是政策制定者们必须面对这些问题和挑战，制度完善、金融市场的良性发展等可弥补金融市场缺陷，降低金融摩擦。

（二）金融脆弱性

金融脆弱性是指金融制度、结构出现非均衡导致风险积累，金融体系丧失部分或全部功能的金融状态。金融脆弱性理论认为金融体系本身是不稳定的，具有内在脆弱性，因此金融风险是普遍存在的，金融危机是不可避免的。此外金融脆弱性有广义和狭义之分，狭义的金融脆弱性又称金融内在脆弱性，主要指高负债经营的行业特点决定了金融业更容易失败的本性；广义的金融脆弱性则是指一种趋于高风险的金融状态，泛指一切融资领域的风险积聚，包括信贷领域和金融市场领域。金融脆弱性仅仅表明金融体系已经具有不稳定性，并不等于金融危机，由金融脆弱到金融危机还有个演化的过程，只有金融脆弱积累到一定程度，金融危机方会爆发。债务的期限结构越短，债务资本比率越高，金融体系就越脆弱，金融危机发生的可能性就越大。

存、贷款人与金融机构之间的信息不对称问题广泛存在于借贷市场，是金融脆弱性产生的主要原因之一。信息对于金融市场的影响远大于其他市场，在整个金融体系中，市场是大量的信息数据来回传输交换的，信息对于经济行为可能起到决定性作用。如果两个完全不同的金融主体对于某项事务所掌握的信息不完全相同，那么对于某项产品的价值评估将出现不同意见，且始终无法达成一致，最终造成整个金融市场波动，甚至金融危机。由于信息不对称，信贷市场的逆向选择和不当激励总是存在的，金融机构对借款人的筛选和监督变更不能保证高效率，金融机构经常在繁荣时期失去理性，投资于一些收益较大的高风险项目，在经济形势发生逆转时，会给金融机构带来巨额损失。而这类信息一旦被储户捕捉到，必将对金融机构失去信心，产生挤兑现象，危及金融机构的安全。

在当前虚拟经济发展势头较好的背景下，资产价格并不完全依赖实物经济，而是由市场中的众多因素相互决定，且这些因素具有很强的关联性，因而金融资产价格过度波动是金融脆弱性的重要根源之一。各种金融资产的定价通常是根据未来能够带来收入和影响未来收入的各种风险因素来确定的。而人们的预期冲击将影响金融资产的价格波动，从而影响交易行为，当资产价格上升时，形成“资产泡沫”。而当这种冲击力量完全释放后，将加速价格下降，资产价格的不稳定加剧了金融体系的脆弱性。

七、货币政策工具规则理论

货币政策工具主要分为数量型和价格型。数量型与价格型工具的目标都是通过使用一些政策手段来调整市场中的货币需求或者供给。数量型通过存款准备金率和公开市场操作手段，直接改变市场的货币供给量；价格型通过调整利率和汇率，改变资金的使用成本，间接影响货币需求量。显然，两者使用工具、影响路径和影响目标不同，但是两者的最终目标一致，政府期望通过数量型工具与价格型工具来调整市场经济主体行为，达到稳定通货膨胀、提高就业率或实现经济增长等目标。

（一）数量型货币政策工具规则

20 世纪 50 年代，以美国弗里德曼为核心的货币主义流派倡导现代货币数量论，认为货币供应量既影响物价总水平变动，也影响总产量或国民收入变动。70 年代，许多西方国家纷纷采取了以货币数量为主的调控政策，有效地治理了“滞涨”问题。其中，最为典型的例子是德国，德国在 70 年代至 90 年代通货膨胀被有效地遏制，并且经济增长平稳，主要归功于货币数量规则的有效使用。瑞士从 1979 年底也开始实行货币数量规则，先后以狭义货币供给量 M1 和基础货币作为调控目标，保证物价水平的稳定。20 世纪 80 年代初，许多发达经济体尤其是美国经济出现大幅波动，造成市场货币需求极不稳定。恰逢此时的银行系统金融创新进一步加剧了货币市场波动，造成货币供给量的可控性降低，使得弗里德曼的单一固定规则很难达到稳定经济的目的。因此，人们便怀疑货币供应量目标的有效性。

麦卡勒姆（McCallum）和一些学者对其进行了拓展。麦卡勒姆（1984）

认为弗里德曼规则的前提条件——货币需求和货币流通速度保持不变在现实中并不满足。因此，需要根据货币流通速度变动调整货币政策规则。为了更加稳定地反映货币流通速度，麦卡勒姆提出用基础货币而不是货币供给量M1作为政策工具，并且货币政策调控目标定为名义收入增长，根据名义收入的实际增长率和目标增长率之间的差距来调控基础货币。杜克和费歇尔（Dueker & Fisher，1998）在开放经济条件下考虑以稳定汇率和物价为目标的基础货币规则，并用马尔科夫转换模型来估计时变参数，研究瑞士1974～1987年的货币政策。

拉扎克（Razzak，2003）用联邦基金利率和基础货币作为操作变量修正麦卡勒姆规则，分别用后顾性预期、前瞻性预期和混合预期模型检验修正的麦卡勒姆规则和泰勒规则，发现从通货膨胀和产出的无条件方程角度衡量本质上等价。

（二）价格型货币政策工具规则

20世纪90年代以来，传统财政政策的应用受到约束，美国的宏观政策调控转向货币政策调控为主。面对国内局势，美联储决定放弃以货币供给量为主的调控模式，而转向以联邦基准利率为调控手段的价格型模式，这就是当前学术界热议的泰勒规则。1993年泰勒利用7个工业国家数据进行政策分析，发现利率调控的政策规则最能保证产出和物价稳定。基于此，提出了一个简单的代表性利率规则，并且发现美国在1987～1992年联邦利率的变化非常符合这个利率规则，于是后续研究将此规则命名为泰勒规则。

泰勒规则的问世标志着价格型规则的产生，并且受到越来越多的经济学家关注。其最大的优点在于简单直观的表达式反映了货币当局的行为。随着研究的深入，很多学者对其进行了改进。如伍德福德（Woodford，1999）与威廉姆斯和约翰（Williams & John，1999）建议对利率调整进行平滑，克拉里达（Clarida，1998；2000）认为利率规则构建时需要考虑预期通货膨胀等前瞻性因素，波尔（Ball，1998）和斯文森（Svensson，1999）认为很多国家货币政策会考虑汇率的稳定，因此应当在泰勒规则中加入汇率因素。

第二节　文献综述

一、货币政策工具规则

泰勒（Taylor，1999）将货币政策工具规则描述为：根据宏观经济形势发展，采用基础货币或者利率作为工具来调控目标变量以达到预期目标的规范要求。根据操作变量不同，工具规则可分为数量型规则和价格型规则。

早期研究主要是针对货币数量与经济发展的关系进行研究，如弗里德曼和施瓦茨（Friedman & Schwartz，1963）从经验分析角度研究发现中央银行的货币供给调控有助于短期内促进经济增长，但是长期而言该作用不显著。巴罗（Barro，1977）、巴罗和拉什（Barro & Rush，1980）从计量实证角度将货币政策调控分为预期部分和非预期部分，发现货币供给的预期调控对经济增长效果不明显，但是非预期部分效果显著。西姆斯（Sims，1980）将反映数量型工具规则的重要变量——产出增长率、货币供应量和通货膨胀等纳入 VAR 框架，分析数量型工具政策下调控效果，发现货币供给量作为政策工具确实能够短期内促进经济增长，但是长期效果不显著。随着西方国家进入金融不断创新的阶段，研究发现货币供给量与经济增长之间的关系逐渐变弱。斯托克和沃森（Stock & Watson，1989）选择将 1965～1980 年的货币供给量、工业指数与产出纳入 VAR 模型，分析发现这两个数据直接的关系不显著，货币供应量难以解释工业指数的变化，也不能解释产出波动。弗里德曼和库特（Friedman & Kutter，1992）将斯托克和沃森（1989）的研究样本时间进一步拓展，且纳入利率变量；研究结果仍显示货币供给量不能解释工业指数、产出的波动。相比之下，利率变量与工业指数、产出直接的关系较紧密，相关性程度较强，这说明利率作为货币政策工具的重要性正在显现。

利率市场化改革促使国内外中央银行将货币政策实施框架从数量型转向了价格型。学者们开始关注价格型货币政策的效果，也对数量型和价格型货币政策效果进行了比较。普尔（Poole，1970）基于凯恩斯的 *IS－LM* 框架下分析，发现 *IS* 曲线平坦而 *LM* 曲线陡峭情况下，数量型工具效果较差，此时使用价格型为好；反之则相反。萨金特和沃力斯（Sargent & Wallace，1975）从外部冲击角度考察了两种政策工具的使用效果，发现价格型工具利率应对冲击可能会使经济陷入不均衡状态，而数量型工具则不会。黄先开和邓述慧（2000）发现我国货币政策不具有中性特征，数量型货币政策能促进经济增长。沃尔什（Walsh，2001）进一步拓展发现，当货币需求不稳定时货币供给量难以传导到利率，此时直接用利率调控为好；但是若总支出极不稳定导致经济波动大，此时货币供应量调控效果不错。谢平和许国平（2004）对1998～2002年的货币政策特征深入分析，认为我国货币供应量并非现代货币学派倡导的具有外生性，而是随着产出和通货膨胀调整的内生变量；长期货币供给量是中性的，但短期能影响产出和通货膨胀。刘金全和张鹤（2004）也认同谢平和许国平（2004）的观点，建议保持一定程度的通货膨胀来拉动经济发展。科拉德和德拉斯（Collard & Dellas，2005）根据代表性行为人福利水平对不同调控模式进行评价，研究表明货币当局目标函数及具体参数值对结果十分关键。刘霖和靳云汇（2005）并不认同上面的观点，认为长期我国货币供应量非中性，能促进经济增长，还不一定引发通货膨胀。刘金全等（2006）进一步研究发现我国数量型政策在短期对产出和通货膨胀具有双重调节作用。随着近年来金融创新不断推进，货币供给量的可控性、相关性等逐渐下降，学者认为数量型货币政策效果有限，需要对政策进行拓展。郭豫媚（2016）认为，新常态下需要将预期管理纳入货币政策目标，有利于减少数量型货币政策有效性下降引起的社会福利损失。

随着利率市场化改革的逐步推进，国内价格型货币政策的操作条件越来越完善，关于数量型和价格型货币政策效果的比较研究日益增多。部分学者认为相对于货币供给而言，利率调控更适合当前中国的现实情况，如夏斌和廖强（2001）、吴晶妹（2002）认为货币供给量作为中介目标的可控性和可测性较差，不适合作为政策中介目标。他们认为货币流通速度下降是导致我国数量型调控效果不佳的另一个主要原因。持类似观点的还有杨英杰（2002）、谢平和罗雄（2002），陆军和钟丹（2003）、汪红驹（2003）、赵进文和高辉（2004）、封思贤（2006）、孙华妤（2007）、江曙霞等（2008）、胡志鹏（2012）、刘达禹等（2016）、张达平和赵振全（2016）等。卡尔沃和韦格（Calvo & Vegh，1999）从政策透明度角度分析，认为相比而言，价格型工具在向公众传导政府政策信息方面更有优势，透明度更高。持类似观点的还有阿拉西纳和巴罗（Alesina & Barro，2002）、伍德福德（Woodford，2003）、艾克森（Atkeson，2007）等。然而，有部分学者认为当前我国的泰勒规则是不稳定的，甚至有些学者认为货币政策规则走势无法用泰勒规则进行检验，数量型货币政策工具仍是目前的优先选择。如卞志村（2006）使用广义矩估计方法检验了泰勒规则，认为我国的同业拆借利率走势虽然符合泰勒规则但不稳定，因此我国的货币政策还不适合使用泰勒规则。持相似观点的还有卢卉（2005）、宋玉华和李泽详（2007）、李琼和王志伟（2009）、马文涛（2011）、郑湘明（2011）、盛天翔和范从来（2012）、胡育蓉和范从来（2015）等。但宋汉光（2016）认为不同经济形势下应该运用不同的规则，如经济平稳时使用价格型有助于调控产出波动；通货膨胀较高时使用数量型更有效。

梳理发现，虽然无论是国外还是国内，对数量型还是价格型货币政策的效果均有不同的见解，但总体上呈现出一定的规律。数量型货币政策在短期内能够调控产出和通货膨胀波动，但是长期呈现非中性的特点。当经济体的金融体系较为落后时，使用数量型货币政策比价格型效果快且好；随着经济体金融改革逐步深入，特别是利率市场化改革能够促进价格型货币政策的使用，货币供给量与主要经济指标之间的关系变得越来越不确定，货币供给量不能有效地影响产出和通货膨胀目标。以利率为代表的价格型货币政策工具逐渐取代货币供给量为代表的数量型工具，因为利率与主要经济变量的关系越来越紧密。各国开始使用以利率为工具的货币政策，特别是包含利率的泰勒规则因简单、直接等优点被广泛使用。我国基本上也表现出与西方国家货币政策转型类似的特点，随着金融市场不断完善，数量型货币政策的有效性逐渐下降，正在逐渐被价格型政策取代。

二、货币政策有效性和独立性

货币政策独立性是指一国经济从封闭走向开放过程中，本国货币与市场利率是否受到资本流入、外汇储备增加和国际市场利率冲击的影响。货币政策有效性是指通过货币政策调节手段实现宏观经济预定政策目标的能力。西方经济体货币政策独立性与有效性是统一的；新兴经济体由于金融管制，两者不能混同。

对开放经济下汇率制度选择、货币政策独立性和有效性关系的研究可追溯到20世纪60年代的经典蒙代尔－弗莱明（M－F）模型框架，克鲁格曼在其基础上提出了著名的三元悖论。然而三元悖论的假设苛刻，出现了利率、汇率、资本流动管制的M－F框架拓展研究。但M－F框架下的研究毕竟是比较动态分析，而经济变量之间基本上存在着同期或滞后期的动态关系，于是VAR类模型的相关研究随之产生。随着现代宏观经济研究注重微观基础，基于小型开放动态随机一般均衡模型（NOEM－DSGE）的相关研究开始盛行。

（一）基于“三元悖论”的汇率与货币政策研究

蒙代尔（Mundell，1960）的三元悖论最先指出一国的货币政策独立性、汇率稳定性和资本完全流动性三者不能同时满足。若一国实行浮动汇率制，在资本完全流动下，能够保证其货币政策独立性。很多学者对三元悖论实证并证明三元悖论成立，如布莱尼（Bleaney，2013）等利用126个国家数据实证发现那些采用固定汇率制的国家货币政策独立性都有下降趋势。沙姆堡（Shambaugh，2004）、克莱恩和沙姆堡（Klein & Shambaugh，2013）也从实证角度证实了三元悖论，即更加浮动的汇率制度将增强货币政策的独立性。但是部分学者并不支持三元悖论。如多恩布什（Dornbusch，1976）在假定价格黏性下，发现浮动汇率制下短期内货币政策提高了对国内产品的需求，但长期内货币政策是无效的；卡尔沃和莱因哈特（Calvo & Reinhart，2002）发现完全自由浮动汇率制度也只能换来部分独立的货币政策。迈克尔等（Michael et al.，2006）基于拉美国家研究发现采取固定汇率制并不意味着就失去货币政策独立性。弗兰克尔和弗雷兹策尔（Frankel & Fratzscher，2002）将三元悖论演变成“可能性二元”，认为资本高度流动和富有弹性的汇率制度相结合条件下能够增强货币政策独立性。

汇率弹性增强，货币政策独立性与有效性就能提升吗？当前国内相关研究主要以三元悖论理论基础，实证检验货币政策独立性与汇率波动弹性之间的关系。邓乐平等（2002）研究发现，由于我国货币政策存在替代效应，即使汇率完全弹性，货币政策独立性也难以提升。胡再勇（2010）发现我国通过增强汇率制度弹性没有提升货币数量政策有效性，但是提升了利率政策的自主性。货币政策有效性与汇率弹性之间的研究有两类：一类通过比较我国汇改前后货币政策的有效性发现增强汇率弹性有助于提升货币政策有效性，代表性文献有邓永亮和李薇（2010）、张翔等（2014）；另外一类将货币政策独立性视为有效性，认为扩大汇率弹性有助于增强货币政策的独立性和有效性，如卜亚和马才华（2006）、陆前进（2010）等。然而近年来，有学者开始对货币政策独立性和有效性进行严格区分并综合研究，如孙华妤（2007）明确区分货币政策有效性和独立性间关系，实证表明了固定汇率制没有制约我国货币政策独立性，我国货币政策有效性不足主要是传导机制不畅通。杨柳和黄婷（2015）基于SFAVAR模型实证发现，汇改后货币政策有效性明显增强；但人民币汇率浮动幅度的放宽并未导致货币政策独立性增强。

三元悖论因有效地印证了亚洲金融危机，得到了不少学者的支持（Borensztein，2001；谢平和张晓朴，2002；Grabel，2003；苏平贵，2003；Obstfeld，2005；刘敏和李颖，2008；Aizenman et al.，2010）。该理论也迅速成为各国金融改革的参考依据。基于该理论，随着我国资本账户逐步开放，政府应通过扩大汇率弹性来增强货币政策独立性。但随着我国汇率弹性的增加，货币政策的独立性却没有增强（孙华妤，2007；金山，2009；卫迎春和邹舒，2012），因此三元悖论受到了质疑。对三元悖论的质疑包含三类观点：一是新兴经济体实施的制度是不符合三元悖论角点的中间制度，可通过冲销干预措施保持政策独立性（范从来和赵永清，2009；Axel，2012；王三兴，2011；Klein & Shambaugh，2013；裘骏峰，2015）。二是发达经济体由于资本高度自由流动和金融市场高度一体化，即使采取浮动汇率制度也可能无法实现政策独立性（Fratzsche，2002；Forssback & Oxelheim，2006；Bogdan & Iulian，2013；伍戈和陆简，2016）。三是汇率受外债、货币替代效应、金融发展程度等影响，导致国内利率、物价和产出等变量发生较大的波动，实行浮动汇率制虽然能保证一定程度的货币政策独立性，但可能低于实施固定汇率制的国家（Hausman et al.，1999；Frankel et al.，2001；Erceg et al.，

2009；胡再勇，2010；杨柳和黄莺，2015；范小云等，2015）。近年金融周期环境下，雷（Rey，2015）研究发现只有在资本账户管制前提下，货币政策才可能保持独立性。

（二）基于蒙代尔－弗莱明（M－F）模型框架的汇率与货币政策研究

蒙代尔（Mudell，1963；1964）和弗莱明（Fleming，1962）构建M－F模型用以分析开放经济条件下的货币政策问题，指出一国在实施固定汇率时，若允许资本自由流动，将导致其不能自主决定货币政策的操作。克鲁格曼（Krugman，1979）基于M－F框架的研究提出了三元悖论：货币政策的独立性、汇率的稳定与资本的自由流动这三个目标不可兼得。由于三元悖论的假设条件过于苛刻，与实际经济运行相差较大。于是学者开始根据实际经济情况修正M－F模型，如桑布什（Dornbusch，1976）否定价格刚性，假定价格具有黏性，构建了M－F－D模型，认为在浮动汇率制度下实施货币政策时，短期内提高了对国内产品的需求，但长期内货币政策是无效的；弗兰克尔和拉津（Frankel & Razin，1987）将政府债务和税收纳入该框架分析财政政策效应。奥布斯特费尔德和罗格夫（Obstfeld & Rogoff，1995；1996）认为，汇率制度将直接影响货币政策的效果，经济越开放，通货膨胀的跨国传导越明显。哈尔伍德（Hallwood，2000）考虑到财富效应与投资人对汇率的动态预期影响，发现虽然财政政策与货币政策总的政策效果方向不变，但政策效果的作用速度有很大的区别。奥布斯特费尔德（Obstfeld，2005）等从历史的角度探讨各国在各个历史时期的汇率制度、资本流动与货币政策独立性的选择，认为三元悖论成立。戈泽克和米克尔斯卡（Gozek & Mycielska，2013）认为，像波兰这样资本高度自由流动、金融市场高度一体化的小型开放经济体，加入欧元区必须以牺牲货币政策独立性为代价。雷（2015）认为，过去几十年间三元悖论可能存在，但在近几年全球金融周期的环境下，三难选择已演变为两难选择：只有在资本账户管制的情况下，货币政策才可能独立。

自从1999年学术上确立了蒙代尔的经济学地位之后，国内许多学者纷纷对M－F模型在中国的适用性拓展研究。如易纲（2001）认为汇率、货币政策和资本流动状态存在“中间解”。在汇率制度选择上，爬行钉住、汇率目标区制和有管理的浮动汇率制等在理论上成立，在现实中也存在。谢平和张晓朴（2002）总结了我国 1994～2002 年不同阶段货币政策和汇率政策的冲突，认为三元悖论在中国成立。孙华妤（2004）通过对 M－ F－D 模型的分析，认为我国在货币金融制度上不是面临三难选择，而是面临只要开放经济，就必然带来货币政策独立性缺失的"开放经济两难选择"。龚刚等（2008）认为在资本管制和汇率稳定性上我国的货币政策仍然能保持有效性。何慧刚（2007）认为长期内我国外汇冲销干预不仅会影响货币政策独立性，还可能导致通货膨胀、汇率升值乃至经济"滞胀"。

以上文献主要是对 M－F 模型从不同角度进行的修正，呈现出来的结论没有统一性。这些修正研究为本书提供了重要的参考，但均是基于比较静态的理论分析，而经济中的变量之间不仅存在同期的相关性，甚至存在跨期动态效应，因此需要构建动态模型进行实证研究。

（三）基于向量自回归（VAR）类模型框架的相关实证研究

使用 VAR 模型研究汇率制度改革与货币政策关系，可以避免 M－F 模型框架下的比较静态分析。VAR 模型还是统计模型，不需要考虑开放经济中的复杂的国内外经济变量的关系，自然成为合适的选择。国外学者运用 VAR 模型分析国外的货币政策冲击能够在多大程度上解释本国的产出和通货膨胀。根贝格等（Genberg et al.，1987）发现浮动汇率时期，一个强大的外部冲击对瑞士产量、价格和利率的影响。他们的结果表明，与固定汇率期相比，浮动汇率下瑞士经济几乎不受外部干扰的影响。拉斯特鲁普和科雷（Lastrapes & Koray，1990）发现该结论具有国家特色：英国已经成功利用灵活的汇率将国内经济从外部（美国）的冲击中隔离出来，而德国经济似乎对外部的冲击更为敏感。布罗达（Broda，2001）、爱德华兹和伊尔蒂（Edwards & Yeyati，2005）表明，在发展中国家，灵活的制度可以使经济更好地摆脱真正的冲击。乔万尼和沙姆伯格（Giovanni & Schambaugh，2008）表明，外国高利率对国内经济产生紧缩效应，这一效应集中在固定汇率的国家。国内方面，孙华妤（2007）使用该方法研究了 1998～2005 年中国实行传统钉住美元汇率制度时期货币政策的有效性和对外自主性，结果显示传统钉住美元汇率制度下中国并未丧失货币政策自主性。胡再勇（2010）基于

VAR 模型研究发现我国通过增强汇率制度弹性以提高利率政策自主性是可行的，但对货币数量政策并不成立。近年来，不少学者如徐建炜等（2011）、李雪莲等（2012）、余森杰等（2012）、赵文胜和张屹山（2012）、王志伟和吴诗锋（2012）、陈浪南和柳阳（2012）、王君斌和郭新强（2014）、朱孟楠和闫帅（2015）、丁剑平（2016）、路继业（2016）、骆祚炎等（2017）使用 VAR 方法从不同视角讨论汇率如何影响宏观经济。

VAR 模型框架虽然包含滞后性，但是变量之间仍然是线性关系。唐琳等（2015）认为采用 MS－VAR 能更准确刻画经济变量之间的非线性关系。由于 VAR、MS－VAR 模型不能考察变量之间当期的相关关系，难以对残差的冲击进行合理的经济解释。张翔等（2014）就采用结构向量自回归（SVAR）模型来识别结构性冲击，发现汇改后数量型货币政策有效性明显增强。由于 SVAR 模型考虑到的信息不充分，杨柳和黄婷（2015）就使用 SFAVAR 模型全面反映货币政策实施所面临的国内外宏观经济环境，发现汇改后并未导致货币政策独立性增强。

综上看出，VAR 模型虽然解决了 M－F 模型不能动态经济分析的缺陷，但该模型本身缺乏经济理论做支撑。SVAR 模型虽然以经济理论为支撑来设定约束条件，但缺乏微观基础，无法揭示背后的经济内在机制；而且该模型很难处理复杂经济系统多变量问题。SFAVAR 模型本质上是带有主成分分析的 VAR，虽然能应对复杂问题，但是又出现没有经济理论支撑的缺陷。当前宏观经济主流分析框架新开放经济动态随机一般均衡模型能克服以上缺陷。

（四）基于新开放凯恩斯动态随机一般均衡（NOEM－DSGE）框架的研究

奥布斯特费尔德和罗格夫（1995）在 M－F－D 模型中引入微观基础，开创了新开放动态随机一般均衡（NOEM－DSGE）模型，为汇率问题研究提供了一个新的框架。克拉里达等（Clarida et al.，2001）利用该框架研究发现，灵活汇率制度下货币政策调控效果优于固定汇率制度，德弗罗等（Devereux et al.，2003）研究表明，不完全的汇率传导意味着最优货币政策应当在一定程度上考虑汇率的稳定。莫纳切利（Monacelli，2005）、保利（Paoli，2009）、王等（Wang et al.，2015）均使用该框架进行了相关研究。

国内学者用该框架进行研究汇率问题已经成为范式，如袁伟彦等（2010）利用该框架研究了我国货币政策的汇率传导效应。袁申国（2011）利用该框架分析了不同汇率制度下的经济波动。李文乐等（2011）、黄炎龙等（2011）、梅冬州和龚六堂（2011）、姚余栋等（2014）、裘骏峰（2015）、王彬（2015）、金中夏和洪浩（2015）、李霜等（2015）、唐琳（2016）等使用该框架分析了我国的汇率与货币政策关系。我国学者还在该模型上加入中国特色因素进行拓展研究，如王胜和郭汝飞（2012）将经济开放度与货币需求弹性纳入DSGE 框架，分析最优货币政策与汇率传递的关系。肖卫国等（2015）、胡小文和沈坤荣（2017）将我国的利率管制因素纳入框架，模拟利率和汇率市场化改革的协同推进下的货币政策效果；杨小海等（2017）在 DSGE 中研究资本账户改革推进的宏观经济效应；胡小文（2015，2017）还将我国的资本管制因素纳入该框架，研究我国三大金融改革的顺序安排及汇改对货币政策独立性和有效性的影响。

上述文献为本书提供了重要的研究参考价值，但仍存在不足：研究假设上，多基于三元悖论，而三元悖论基于利率市场化、汇率自由化和资本完全开放，这显然不适合我国当前的情况，在不同资本管制程度下进行相关研究很有必要；研究方法上，虽然考虑到将我国经济特征融入 NOEM - DSGE 模型，而且还考虑到了我国货币政策有稳定汇率的目标，但多采用利率工具来稳定汇率，构建的货币政策框架实质上是拓展的泰勒规则，无法反映开放经济下我国的政策框架“多目标多工具”特征（周小川，2013）。更为重要的是，这种政策设定虽然刻画了我国货币政策调控通货膨胀的特征，但忽视了我国货币政策通过不完全冲销干预汇率渠道影响宏观经济的事实。相比用利率调控通货膨胀与汇率的单工具政策框架，使用外汇储备调控汇率、利率调控通货膨胀的双目标双工具政策更能准确地反映汇率制度与货币政策关系。研究内容上，多将货币政策独立性和有效性研究混同，近年来才开始对货币政策独立性和有效性进行严格区分并综合研究，但仅关注数量型货币政策的独立性和有效性。我国的货币政策随着利率市场化的推进正逐步向价格型转变，研究汇改对价格型货币政策独立性和有效性的影响也格外重要。

总体而言尚有以下问题值得深入研究：第一，三元悖论研究框架不断扩充、与时俱进，已经形成了基于西方经济体的小型开放动态随机一般均衡模型为主流的分析框架。但针对新兴经济体的相关分析框架研究较少，需要以金融危机事件为契机，构建符合我国经济特征的三元悖论框架。

第二，汇率改革对货币政策的影响机制研究成果较为丰富，各机制的相关研究结论甚至相反，但综合利率平价渠道、国际贸易和资本渠道的相关研究仍少见。

第三，汇率制度与货币政策独立性、汇率制度与货币政策有效性的研究成果已较为丰富，但在一个框架下同时研究汇率制度、货币政策独立性与有效性的还很少，且没有关注货币政策独立性与有效性间的关系，本书将就以上问题展开研究。

| 第三章 |

汇率制度选择与货币政策效果：国际经验

1974 年布雷顿森林体系解体后，固定汇率制度受到一些资本主义国家的遗弃，开始走向浮动汇率制度。但是，贸易依存度很强、金融系统不完善的新兴经济体与发展中国家，仍然希望稳定汇率以稳定经济；其中一些经济体对汇率制度进行了改革，选择了处于浮动汇率和固定汇率之间的中间汇率制度。至此，国际市场上汇率制度呈现多元化趋势。

对发达经济体而言，浮动汇率制度是其必然选择。发达经济体金融系统完善，抗国际风险能力强，选择浮动汇率制度能充分发挥其经济优势。美国、日本和欧元区国家目前均实施浮动汇率制度。但对于新兴经济体，贸易产品依赖外币计价，金融市场单一化程度高，选择浮动汇率制度一旦外币市场波动则本国市场必然承受巨大波动，因此选择固定汇率制度为好。但是固定汇率制度需要大量的外汇储备，还会带来货币超发、通货膨胀、货币政策失去独立性等问题。因此新兴经济体也在进行汇率制度改革，逐渐过渡到中间汇率制度。中间汇率制度是一种灵活的汇率制度，因为可以按照国内经济发展情况和国外经济冲击灵活调整汇率波动幅度，在一定程度上享有固定汇率和浮动汇率的好处。总之，实施固定汇率制度和中间汇率制度的经济体仍占多数，但固定汇率制度向中间汇率制度及浮动汇率制度过渡的趋势越来越明显。

第一节　国际经验分析

一、俄罗斯汇率制度选择与货币政策效果

（一）俄罗斯汇率制度选择历程及汇率表现

苏联解体前，由于处在高度集中的计划经济体制下，各项经济政策都由国家统一管理，汇率政策则更为严格，导致卢布汇率实际上被长期高估，官方汇率和黑市汇率差异很大。苏联解体后，俄罗斯经济改革相对激进，随着其对外经济活动越发自由化，卢布汇率形成机制也作出了很大的调整，且期间出现汇率多次大规模的波动，对经济造成了较大的破坏性影响。俄罗斯在经济转轨的道路上，存在着经济结构较为单一、经济体制相对脆弱等问题。因此选择合理的汇率制度对宏观经济具有重要意义。具体而言，俄罗斯汇率选择过程主要分为以下四个阶段。

第一阶段为 1992～1995 年。首先，俄罗斯中央银行颁布了《俄联邦外汇调节法》和《俄联邦外汇调节与管制法》，实际上意味着俄罗斯实行了内部可兑换。本国居民，只要不在国际资本流动范畴，卢布即可自由兑换成外币。其次，俄罗斯在苏联解体后最早采取的是多重汇率体系，后来，在国际货币基金组织的推动下，经常账户和资本账户的自由化改革开始了。双重汇率制度是在初期实施的，即经常账户实行浮动汇率制度，资本项目实行固定汇率制度。1993 年 9 月 23 日，即“黑色星期四”，俄罗斯面临第一次严重的卢布汇率危机，卢布兑美元汇率一日内暴跌 25%。第二次大规模的波动是 1994 年 10 月 11 日，一日内卢布兑美元汇率暴跌 22%。在这个阶段，由于俄罗斯实施汇率自由化和卢布可兑换，卢布汇率下滑严重。

第二阶段为 1995～1998 年。这一阶段汇改最明显的变化为“外汇走廊”制度。俄罗斯汇率制度开始由自由浮动汇率制度转变为有管理的浮动汇率制度。如此，俄罗斯中央银行可以根据外汇市场状况，投资美元或卢布进行干预以抑制过度投机，从而保持市场平衡。从汇率表现看，这一阶段汇率改革使卢布汇率基本保持稳定，有效抑制了通货膨胀和过度的外汇投机活动。

第三阶段为1998～2008年。从汇率制度来看，1998年的金融危机导致卢布汇率危机再一次发生，使得“外汇走廊”制度的缺陷暴露出来。俄罗斯中央银行先是在“外汇走廊”制度下放宽浮动区间，但由于金融危机引发外汇储备的不足，被迫终止“外汇走廊”制度。从1998年底到2000年底，卢布汇率基本参考市场供求关系。2001年开始，卢布逐步过渡到钉住美元的有管理的浮动汇率制度。2005年2月5日，俄罗斯中央银行实行钉住美元和欧元双货币篮子有管理的浮动汇率制度，以维持卢布汇率制度稳定。从汇率表现的角度看，卢布汇率基本保持稳定，但1998年金融危机的影响使卢布汇率出现较大波动。这主要是由于俄罗斯中央银行相对适当的监督和干预。

第四阶段为2008年到现在。2008年全球金融危机的爆发还导致了卢布汇率的更大波动。危机结束后，俄罗斯中央银行决心以自由浮动的汇率制度为目标。这样做是为了吸收外部冲击的影响。2014年11月10日，俄罗斯完成了向自由浮动汇率制度的转型。从汇率表现来看，在2008年金融危机影响下，卢布出现了剧烈波动。2014年12月15日，卢布大跌13%，虽然俄罗斯中央银行在16日大幅上调基准利率650个基点，然而卢布兑美元汇率仍然跌破80∶1，两天累计跌幅高达25%。一方面，这表明俄罗斯选择自由浮动汇率制度似乎是不稳妥的；另一方面，它进一步反映了俄罗斯经济结构中的问题。由于其经济主要依赖于原材料和能源的出口，一旦原材料和能源的价格下跌，经济就会恶化、资本外逃、外汇储备的数量急剧减少，俄罗斯中央银行将无法使用外汇储备干预外汇市场。在自由浮动汇率制度下，这是不可避免的且引起了卢布汇率的剧烈波动。

（二）同时期俄罗斯的货币政策实施情况

1. 苏联解体之后的初期。1992～1995年，财政赤字一直是困扰俄罗斯中央银行的首要问题，货币政策的主要目的是为政府预算赤字进行融资。由于财政赤字不仅规模巨大，而且缺乏发达的国内债券市场来融资，这使得俄罗斯中央银行必须为这些赤字提供融资。从1993年的下半年开始，较高的政府支出以及较低的税收收入使得政府的财政赤字进一步提高，中央银行对政府的贷款也相应提高。1994年，政府的财政赤字达到了最高点，需要中央银行提供的贷款融资达到了1993年末货币基数的2倍。财政赤字给俄罗斯带来了严重的货币问题，导致了较高水平和极端波动的通货膨胀率，政府借贷成了高通货膨胀的主要来源。尽管面临上述困难，俄罗斯中央银行还是开始发展其货币政策工具，包括直接对贷款进行管制以及建立存款准备金制度。但是，初期这些工具大多数是无效的，主要是由于俄罗斯中央银行一直遵循被动的货币管理立场。

2. 1995～1998 年的卢布危机。从 1995 年 6 月到 1998 年出现金融危机之前，俄罗斯的货币政策转为以稳定汇率为主的政策目标。1995 年 4 月，俄罗斯颁布了新的中央银行法，从法律上授予中央银行一定程度的独立性来执行货币政策。1995 年 7 月 6 日，俄罗斯中央银行和联邦政府共同确定了钉住美元的“外汇走廊”政策。此后，卢布汇率不再完全由市场供求决定，而是只能在一定的区间波动，超过了规定的限制，中央银行就会进行干预。实施“外汇走廊”政策后的前三年里，卢布汇率相对平稳，通货膨胀率也一直维持在较低的水平。1996 年和 1997 年，较低的税收收入和较高的利息支出扩大了政府的财政赤字，1997 年末政府财政赤字达 GDP 的 8.25%。面临严峻的财政问题，政府不得不通过扩大债券发行规模为预算赤字融资，同时将国内债券市场对外国投资者开放。尽管通过提高债券收益率扩大融资规模能够改善政府的流动性，但是这样做却给汇率稳定带来了很大的压力。俄罗斯中央银行为了防止卢布贬值，只能提高再贷款利率，使得利率维持在较高的水平，以确保汇率在固定的区间波动。1997 年 11 月，俄罗斯首次提高了再贷款利率，将再贷款利率从 12% 上调到 28%。1998 年 2 月和 5 月，再贷款利率先后被提高到 42% 和 150%。如此高的利率，显然是不可持续的。1998 年 8 月 17 日，俄罗斯政府被迫宣布国内债务违约，实行本国货币贬值，金融危机爆发。

3. 危机之后的经济恢复阶段。1998 年 8 月金融危机过后，由于缺乏国内和国际资金的支持，俄罗斯开始实行扩张性货币政策，利用货币扩张来弥补预算赤字。1998 年 8 月到 1999 年 2 月，俄罗斯开始实行有管理的浮动汇率制，在此期间卢布贬值了近 70%。

2002 年以后，随着国际原油价格上升，俄罗斯外部环境有所好转，主要商品的出口大幅增长，除了石油相关产品的收入增加以外，俄罗斯企业还从国外获取了大量借款。俄罗斯不断好转的经济形势，吸引了大量的外国直接投资。伴随着宏观经济的不断改善，卢布升值的速度加快。2003 年，卢布兑美元汇率 12 年来首次出现止跌回升，名义汇率升值达 8.1%，实际有效汇率升值 4.1%。货币升值对稳定物价起到明显效果，2003 年俄罗斯的通货膨胀率首次与既定目标相一致。但是，由于害怕卢布升值太快以及可能对宏观经济带来的负面影响，从 2002 年开始，俄罗斯中央银行开始在外汇市场积极干预卢布兑美元的汇率，通过购买外汇来降低卢布的升值压力。

（三）同时期俄罗斯汇率制度与货币政策的关系

1. 有效性。如图 3－1 所示，1996～2000 年，俄罗斯的通货膨胀率波动十分剧烈，这与当时俄罗斯政府采取的汇率政策有紧密联系，此阶段对应俄罗斯汇率制度历程的前两个阶段，该阶段俄罗斯中央银行先后颁布了《俄联

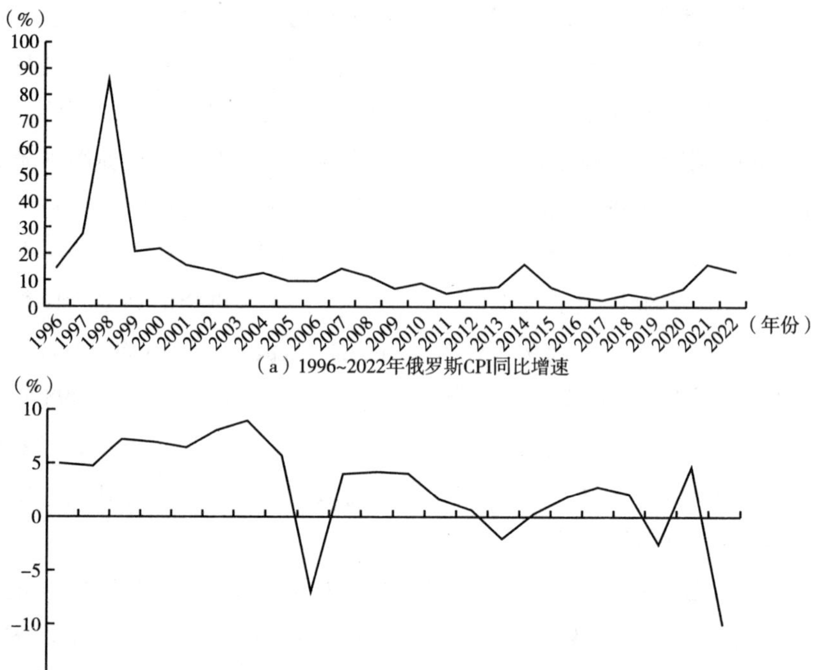

（b）2001~2022年俄罗斯GDP同比增速

图 3－1　俄罗斯历年 CPI 及 GDP 同比增速

注：1995 年以后 GDP 增速数据来源于俄罗斯联邦统计局，1990～1994 年 GDP 增速数据来源于联合国统计司。

邦外汇调节法》和《俄联邦外汇调节与管制法》，这意味着俄罗斯实施汇率自由化和卢布内部可兑换，卢布汇率下滑严重，对本国经济造成巨大冲击。2000～2008年，俄罗斯经济剧烈波动的局面得到有效遏制，此期间中央银行终止"外汇走廊"制度，逐步过渡到钉住美元的有管理的浮动汇率制度。俄罗斯中央银行这样做寄希望于，通过高弹性的管理浮动汇率制规避国际投机资本对卢布的攻击。随着金融危机影响的减弱，外汇市场逐渐恢复至稳定。根据俄罗斯的通货膨胀率与GDP增长率两大经济指标我们能够得出，在先后经历了自由浮动汇率制度与有管理的浮动汇率制度后，有管理的浮动汇率制度下的货币政策对稳定经济波动具有积极作用，即有管理的浮动汇率制度是有效的。

2. 独立性。1992～1995年俄罗斯中央银行面临的最大问题是财政赤字，商品价格实现自由化，导致物价和各种服务费用大幅度上涨，这种恶性通货膨胀造成了整个经济体系的混乱。因此俄罗斯采取了紧缩性的货币政策。

1995～1998年金融危机出现之前，俄罗斯的货币政策开始转向稳定汇率为主的政策目标，1995年7月6日，俄罗斯中央银行和联邦政府共同制定了钉住美元的"外汇走廊"政策，实质是选择了汇率目标制来抑制通货膨胀，同时也稳定了民众对于卢布的需求，使得通货膨胀率在一定程度上有所降低。

1998年金融危机后俄罗斯经济开始快速复苏。随着石油出口收入的迅速增长，俄罗斯的财政收支状况得到了改善。石油收入的迅猛增加，使得因财政赤字而超发货币的现象得以缓解，俄罗斯中央银行不再经受财政赤字的困扰。

1999～2002年随着国际油气价格大幅提升，俄罗斯财政状况开始改善、宏观经济也出现好转，俄罗斯中央银行货币政策的主要目标由关注汇率逐渐转移到关注物价上来。俄罗斯期望在实践中选择资本自由流动、浮动汇率制和货币政策独立性的组合。随着中间汇率制度弹性的增加，如图3－2所示，俄罗斯汇率与利率在大多数时候均无相关性，货币政策独立性显著增强。

俄罗斯中央银行面临稳定通货膨胀和稳定汇率的双重货币政策目标，因此俄罗斯中央银行货币政策规则中汇率波动反应系数较大。近期国际制裁等复杂的国际政治因素和不确定的经济因素极大地制约和干扰了俄罗斯卢布汇

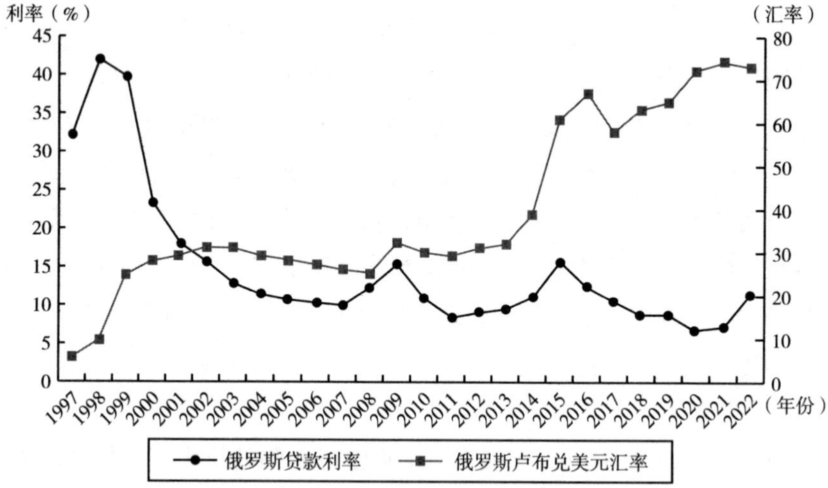

图 3－2　1997～2022 年俄罗斯贷款利率及汇率走势

资料来源：俄罗斯银行交易日年度数据。

率的稳定性，俄罗斯中央银行虽多次动用外汇干预基金稳定卢布但收效并不明显。从经济基本面来看，世界经济增速放缓导致的国外产出负冲击以及相应的能源需求锐减和原油价格下跌是俄罗斯贸易条件恶化的主要诱因，这属于基准模型中的真实冲击所造成的负面影响，因此俄罗斯中央银行采取提高利率和动用储备基金干预汇率市场等措施，虽然能在短期内降低国外货币政策和风险溢价等名义冲击对俄罗斯经济造成的负面影响，却无法从根本上改变卢布贬值趋势，反而可能因为银根紧缩而增加国内投资和经营成本，加大真实冲击所造成的产出波动。由此可见，新兴市场国家中央银行对宏观经济领域风险的识别和监控对于稳定本国经济至关重要。

从中长期来看，俄罗斯中央银行会逐步向通货膨胀目标制和自由浮动汇率制过渡，但俄罗斯经济结构中进口消费品比例居高不下，此前几次卢布汇率大幅贬值都曾引发较大幅度的价格上涨，因此增加了俄罗斯中央银行稳定通货膨胀和稳定汇率之间的权衡难度。由于俄罗斯中央银行已经多次表态不会限制资本流动，因此在当前国际形势下加强新兴市场国家尤其是金砖国家间货币政策合作就显得尤为重要。2014 年 7 月，金砖国家新开发银行的成立以及应急储备基金安排无疑能在帮助金砖国家摆脱短期资金流动性压力，推动金砖国家间货币政策合作，增加全球金融体系安全网络等方面发挥积极作用。

二、韩国汇率制度选择与货币政策效果

（一）韩国汇率制度选择历程及汇率表现

1. 东亚金融危机前韩国汇率制度。东亚金融危机前韩国采用钉住“一篮子”货币的汇率制度与市场平均汇率制度。20 世纪 60 年代以来，韩国的经济发生了质的飞跃。从一个极度贫穷落后的国家，发展成了一个发达国家，创造了举世闻名的“汉江奇迹”。韩国在历史上分别进行了几次不同的汇率制度改革，面对不同时期国内的经济状况，他们也在不断地调整本国的汇率制度，以适应经济发展。

（1）钉住“一篮子”货币的汇率制度。东亚金融危机之前，1980 年 2 月韩国就开始实行钉住“一篮子”货币的汇率制度，一改原来钉住“美元”的汇率制度，虽然美元在“一篮子”货币中所占比重还是较大的，但是这样做还是可以减少韩元汇率因美元汇率波动带来的冲击，实现韩元汇率的相对稳定。韩国是外向型经济发展方式，它的经济发展极度依赖对外贸易，汇率又可以改善一国贸易收支，韩国迫切希望可以通过汇率制度的变革来改善本国长期贸易逆差的困境。在此汇率制度下，韩国在 1986 年出现首次贸易盈余。

（2）市场平均汇率制度与实际有效汇率变动。美国为了改变本国贸易逆差的情况，进行贸易保护，美国与韩国贸易摩擦发生的频率大大增加，国际形势不容乐观。1990 年 3 月，韩国迫于外部压力，开始实行市场平均汇率制度，根据外汇市场上供求关系通过计算得到中心汇率，设置汇率浮动区间，金融危机之前韩元汇率日波动区间没有超过 3%。

该汇率制度下，1990 ~ 1994 年韩元实际有效汇率较为平稳，韩元的实际有效汇率从 1995 年开始有上升的趋势，从 1995 年 1 月的 148. 06 逐步上升到 1996 年 5 月的 170. 72，可以看出，在此期间，韩元面临相当大的升值压力，韩元的相对价值上升，国内产品在国际市场上的竞争力下降，不利于出口。1994 ~ 1996 年，经常账户赤字逐渐扩大。1996 年 6 月至 1997 年，韩元的实

际有效汇率指数一直在160以上，相对稳定。从1997年3月开始，韩元的实际有效汇率指数降到160以下，韩元急剧贬值。韩国政府被迫实行自由浮动汇率制度。东亚金融危机后，韩国的汇率制度进行了改革。韩国的汇率制度已更改为自由浮动汇率制度。可以看出，在此期间，韩元面临相当大的升值压力，韩元的相对价值上升，国内产品在国际市场上的竞争力下降，不利于出口。1994～1996年，经常账户赤字逐渐扩大。

2. 东亚金融危机后韩国汇率制度改革。

（1）韩国建立起更加严格的市场监管制度。韩国政府向国际货币基金组织请求援助，希望得到200亿美元的贷款，国际货币基金组织答应了韩国的请求，1998年，韩国在国际货币基金组织的储备头寸仅剩10万美元，国际货币基金组织也对它提出了严苛的改革要求，希望韩国能够建立一个新的现代化的金融体制。韩国在金融危机爆发后，痛定思痛，按照国际货币基金组织提出的要求，彻底改革企业的所有制，使企业重新焕发活力，减少其国际资本借贷，同时要求大型集团集中力量发展优势产业，并扶持新兴产业的发展。

（2）实行自由浮动汇率制度并逐步开放外汇市场。东亚金融危机爆发后，韩国外汇储备不足，1997年仅为197.103亿美元，资本大量外流。1997年第三季度到1998年第一季度，受金融危机影响，韩元大幅贬值。从1997年第三季度开始，韩元实际有效汇率明显下降，一直到1998年第二季度才有所缓和。最低点为1998年第一季度的91.33，实际有效汇率指数比1996年第一季度下跌了45%。1997年11月17日，韩元汇价已经连续两天跌停，超过了韩国政府规定的2.25%的浮动区间。11月18日，韩元兑美元的汇率也从989：1跌至1012：1，跌幅为2.32%。

韩国的银行已无力对外汇市场进行干预，被迫实行自由浮动的汇率制度，对韩元汇率的冲击较大。韩元汇率波动已经触底，韩国政府希望汇率制度改革后，韩元可以逐步升值。韩国实施自由浮动汇率制度以后，为使韩元汇率能够更有效地反映本国经济基本状况，韩国决定逐步开放外汇市场。1998年，韩国通过《外汇交易自由化方案》，该方案分两个阶段逐步完成，对国内企业在国外借款、融资逐步取消了上限限制，且允许国内企业在国外发行短期外币债券。国外投资者可以购买韩国的房地产，但需要韩国中央银行的许可，可用于建设学校、医院等机构。居民与非居民之间的外汇买卖活动，低于1000美元的无须报告中央银行。非居民在韩国可以开立一年期以上的存款与信托账户，非居民也允许从相应银行买入外汇，但是为了严格监管短期资本的流动，防止资本外逃，超过1万美元的非居民买入外汇行为需要上报中央银行审查。

韩国的外汇逐步实现自由化，韩元走向国际化，时刻加强风险防范管理，是降低个人外汇买卖限制与资本项目下可自由兑换的前提保障。在外汇市场中，外汇交易时需要缴纳保证金，异常交易活动会及时冻结，韩国对此设立了具体的保证金制度、交易冻结等制度进行管理。韩国还设立了“外汇管理信息系统”分别对敏感信息进行搜集、汇报、监管、使用。要求参与外汇交易的金融机构及时汇报市场中的有效数据，所搜集的数据覆盖面广，各个方面严加监管，重点监管投机性资金流动。搜集的外汇市场数据由韩国中央银行监督管理，需要信息的机构得到该信息需经过中央银行批准。

（二）同时期韩国的货币政策实施情况

1962～1971年，韩国政府颁布了一系列银行法案，成立中央银行、商业银行、专业银行和地方性银行。1967年允许外资银行进入保险、证券等的相关法案也在这一时期实施，证券市场不断完善，现代金融体系基本确立。同时，由于国内储蓄较低，外资对保证投资非常重要，韩国政府通过专门法案吸引外资。1966～1969年，银行存款和贷款年均增长率分别为72.5%和26.5%，通货膨胀率从此前四年的平均19.7%下降至7.5%的水平。

1977～1986年，为控制通货膨胀以实现宏观经济稳定，货币供给增长率从1976～1978年年均36%的增幅降至1979～1981年年均25%的增幅，并进一步降至1983～1985年年均14%的增幅。同时，对汇率决定机制进行改革，原来的固定美元汇率更改为由一篮子货币确定的有管理的浮动汇率。随着通货膨胀趋于缓和，韩元大幅贬值，利率也急剧下降。同时，为适应新的国际国内形势，韩国政府着手推动金融体系走向自由化和国际化。

1987～1992年，金融业对外开放度日益提高。允许外资银行开办更多业务并给予国民待遇，保险业也有越来越多外资进入。资本市场的对外开放加速，外资证券公司可以在韩国设立分支机构，从1992年开始外资可直接投资韩国股票市场，外资可持有的上市公司股份的上限比例从最初的10%逐步大幅提高。与此同时，韩国的银行、证券公司、保险公司也开始大批进入全球的国际金融中心。

1997年以前的货币政策体系中，中介目标是M2和MCT，与其对应的操作目标是准备金总量。货币政策的操作假定准备金总量和货币总量之间稳定的乘数关系根据公式可以计算出货币中介目标对应的准备金总量，然后通过公开市场、准备金率等政策工具操作达到。由于货币总量作为中介目标的效率持续减弱，准备金总量作为操作目标的重要性也逐渐变小。1997年以后随着通货膨胀目标制度的采用和金融市场的进一步发展操作目标逐渐过渡到隔夜回购利率。然而，操作目标从准备金总量到隔夜回购利率的转变并非一蹴而就。实际上，从20世纪90年代中期以来，是否应该将利率作为韩国货币政策的操作目标的讨论就一直存在，其主流观点是时机还不成熟。1997年韩国货币危机发生以后韩元贬值非常厉害，韩国银行在公开市场上进行操作以提高利率，作为稳定韩元汇率的手段，结果是公司债券的收益和银行的存贷款利率急速上升。随着高利率时代的到来，多数人就对其动向开始关注。1998年9月30日隔夜回购利率目标的下调是其作为正式操作目标的第一例。1999年初，隔夜回购利率作为货币政策操作目标的地位才被巩固了下来。

（三）同时期韩国汇率制度与货币政策的关系

1. 有效性。20世纪60年代到70年代初期，韩国经济发生了质的飞跃，GDP增长率超过30%，与此同时通货膨胀率同样高企，为应对居高不下的通货膨胀率，韩国政府颁布了一系列银行法案，成立中央银行、商业银行、专业银行和地方性银行。1965年韩国政府提高利率，这项改革与限制房地产投机和吸引外资流入的政策使得资金流回银行体系，通货膨胀得到有效控制。如图3-3所示，80年代，为了缓解美元汇率带来的冲击，韩国实行钉住“一篮子”货币的汇率制度，随着通货膨胀有所缓和，国内利率大幅下降，国内生产总值开始缓慢提升，居民消费增加。但是由于政府的高速发展政策和中央银行的扩张性货币政策，70年代末和80年代初，韩国发生了较为严重的通货膨胀，1980年以后出现了严重的经济危机，期间，韩国中央银行实行了紧缩性的货币政策，设立了兼顾控制通货膨胀、稳定物价和发展经济双重目标。90 年代，韩国进入整个经济调整时期，通过控制货币发行，稳定物价，抑制通货膨胀。这时期货币政策的改革主要包括放松利率和外汇管制，其趋势是逐步走向金融自由化、市场化和国际化。

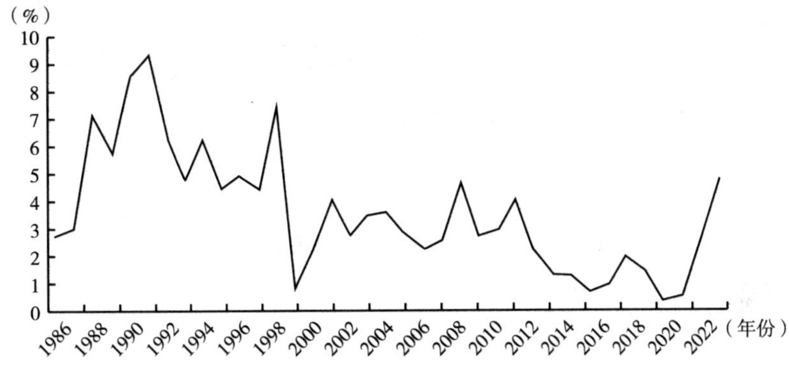

（a）1986~2022年韩国CPI同比增速

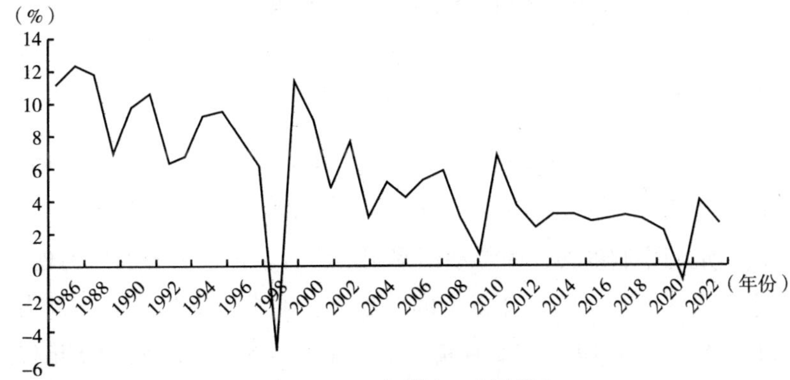

（b）1986~2022年韩国GDP同比增速

图 3－3　1986～2022 年韩国 CPI 及 GDP 同比增速

资料来源：韩国中央银行。

2. 独立性。亚洲金融危机之前，韩国实行有管理的浮动汇率制，这种中间汇率制度的货币政策独立性要强于固定汇率制度的国家，而弱于浮动汇率制度的国家。汇率和利率在很多时候仍有很强的相关性。如图 3－4 所示，金融危机之后，韩元面临着国际收支顺差导致的升值压力，美国利率对韩国利率的影响显著下降，可知实行更加灵活的汇率制度使韩国的货币政策独立性增强。

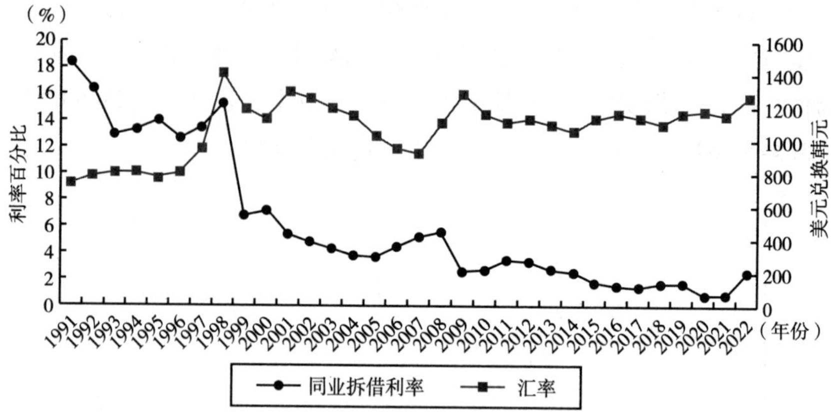

图 3－4　1991～2022 年韩国同业拆借利率及汇率走势

资料来源：韩国中央银行。

三、日本汇率制度选择与货币政策效果

（一）日本汇率制度选择历程及汇率表现

1944 年 44 个国家或政府商讨第二次世界大战后的世界贸易格局，至此开启了国际货币体系发展史上的一个新时期。20 世纪 70 年代国际汇率体系由原来的固定汇率制度转变为浮动汇率制度，日本迫于美国的压力使日元对美元汇率大幅度上升。1971 年发生的"尼克松冲击"对日本影响颇为严重，日本以此为契机，于 1973 年 2 月实现了向浮动汇率制的过渡。80 年代后期，日本经济泡沫的破灭使得日本经济一直停滞不前。总之，日本汇率选择历程主要分为以下三个时期。

1. 第二次世界大战后到经济高速增长时期。由于第二次世界大战的重创，战后的日本经济处于疲乏状态，日本提出了贸易立国的口号，加之美国的援助，至 20 世纪 50 年代中期，日本经济基本恢复到战前水平。1949～1971 年的 20 多年里，日本一直采取 1∶360 的固定汇率制，这对日本经济的高速发展起着举足轻重的作用，1955～1972 年，日本的经济高速增长，成为世界第二大经济体，使得国际环境也出现了较大变化。1971 年末，日元升至 1 美元兑换 308 日元。

2. 实行有管理的浮动汇率制时期。1973 年美元贬值 10%，动摇了布雷顿森林体系，各国纷纷放弃与美元挂钩的固定汇率。在国际金融市场和世界经济动荡的压力下，日本只好采取有管理的浮动汇率制，逐渐向浮动汇率制过渡，日元升值至 1 美元兑换 260 日元，但总体来说日元汇率的升值还是相对稳定的。

3. 自由浮动汇率制时期。1985 年，促使日元、西德马克对美元升值的“广场协议”的产生以及日本想要提高国际地位的目的，使得日元汇率在此后十年间迅速攀升，1995 年初，日本大地震后大量资金回流，导致日元快速升值，最高峰甚至达到了一美元兑换 80 日元的水平。

20 世纪 90 年代亚洲金融危机时期，日元汇率升到一美元兑换 140 日元左右的水平。21 世纪之后，尤其是在“9 · 11”事件的冲击下，为了应对美国采取的放任美元贬值的手段，日本采取了一系列举措维持日元汇率稳定。

（二）同时期日本的货币政策实施情况

1. 日本的货币政策实践。日本的货币政策调控模式与美国比较接近，以价格型货币政策为主，现阶段均是通过公开市场操作影响同业拆借利率，20 世纪 90 年代金融自由化的发展弱化了贴现率的作用，进一步强化了价格型货币政策的地位。在非常规货币政策方面，由于经济的持续衰退陷入“失去的 20 年”，日本的量化宽松和前瞻指引等政策实践要早于美国。

2. 日本的货币政策传导机制。日本的货币政策调控框架也属于典型的价格型调控，以市场利率作为货币政策中介目标，通过政策利率和公开市场操作影响市场利率，进而通过多种渠道向金融市场和实体经济传导，主要的传导机制可以表示为“日本中央银行→贴现率、政策目标利率→银行间市场流动性→同业拆借利率→市场利率、债券市场、资产价格→微观经济主体→经济增长、物价稳定、汇率稳定”。日本中央银行于 20 世纪 90 年代末期淡化了贴现率目标，转向了政策目标利率，中介目标转为盯住银行间无担保隔夜拆借利率。与美联储不同的是，日本在 90 年代末期才放开短期拆借市场和票据市场，形成完全的价格型中介目标调控体系，同时日本的货币政策属于多目标体系，需要兼顾内外平衡，美联储的货币政策目标则较为简单，在一段时期甚至仅关注价格稳定。

从政策利率的变化来看，20 世纪 90 年代，日本的政策利率中枢总体在

5%的水平上下波动，90 年代至今，日本经济持续低迷，为保持低利率环境刺激经济复苏，日本中央银行持续下调政策利率，同时实行量化宽松政策，1990～1995 年，贴现率从 6%持续下降至 1%以下。2008 年国际金融危机进一步导致日本经济的衰退，日本中央银行货币政策跟随美联储，将贴现率降至 0.3%的水平，接近零利率。除贴现率外，基础货币的政策目标利率是最为重要的政策利率，1998 年基础货币的政策目标利率为 0.25%，2007 年上升至 0.5%，2016 年降至 -0.1%，日本进入负利率时代，在政策利率层面突破了“零利率下界”，进一步降低商业银行资金成本。

3. 日本的价格型和数量型中介目标对比。1998 年以来日本的货币供应量 M2 总体保持了小幅上升的态势，1998 年 M2 余额为 10420665 万亿日元，2019 年 11 月 M2 余额达 13724362 万亿日元。作为数量型中介目标，日本 M2 的可测性、可控性及其与最终目标的相关性均较差。一方面，金融自由化进程导致日本中央银行难以有效控制货币的总量，尽管不断调整统计口径，货币总量仍然难以完全测度，可测性和可控性均有所下降；另一方面，日本金融市场高度发达，货币数量与实体经济的关联性明显下降，2006 年之前二者的相关性相对较高，日本经济下行，M3 增速从 4%降至 -0.7%，出现了绝对量的下降；2006 年之后二者关联性明显下降，日本经济继续下行，但量化宽松政策使得 M2 增速持续上升，从负增长上升至 2%～3%的较高水平，尤其是金融危机期间经济增速和 M2 增速出现了明显背离。

从价格型中介目标来看，贴现率和基础货币政策目标利率的变化与宏观经济走势高度匹配，可以很好地体现中央银行的政策意图。在日本经济陷入衰退后，为刺激经济复苏，日本中央银行压低政策利率，向商业银行释放大量流动性，降低借款成本，贴现率从 1990 年起持续下调，最终降至零利率附近。

4. 日本的非常规货币政策实践。美联储的非常规货币政策主要是应对 2008 年金融危机后的“零利率下界”和货币政策传导失效，最终目标是为了刺激经济复苏。日本的情况与美国有所不同，由于与美国签署“广场协议”以及金融自由化和短期内迅速加息等诸多因素的影响，20 世纪 90 年代初日本的股市和房地产市场泡沫破裂，经济陷入衰退并持续至今。为刺激经济复苏，日本中央银行于 2001 年开始实行非常规货币政策，主要政策措施是量化宽松。具体而言，日本中央银行将货币政策操作目标转向商业银行存放在中央银行的准备金余额，这一举措导致商业银行准备金数量急剧上升，2001～2005年共出现7次上调，日本中央银行资产负债表规模也随之不断扩大。2001年日本中央银行的资产负债表规模为10637095131万日元，2005年上升至15560711781万日元。同时，日本中央银行大量购买商业银行的长期国债，购买国债的金额也不断上升，从最初的4000亿日元提高到4000亿～6000亿日元再到8000亿日元，2002年进一步上调至1.2万亿日元。大量购买国债进一步导致日本银行资产负债表规模的扩张。2008年金融危机后，日本中央银行持续了量化宽松政策，将购买国债的规模进一步上调，从2002年的1.2万亿日元购债规模上调至1.4万亿日元，2009年进一步扩大至1.8万亿日元。其他操作方面，日本中央银行同时购买商业票据以及企业和银行股份，直接向实体经济注入流动性，这一做法与美联储一致。在此背景下，日本中央银行资产负债表规模加速扩张，从2005年的15560711781万日元持续上升至2019年的573053180495万日元，增长了3倍以上。从结构来看，流通中货币在资产负债表中的占比不断下降，国债等其他资产的占比不断上升，1997年流通中货币占比高达78%，2019年这一比例降至20%。

从量化宽松的效果来看，日本中央银行的政策并未达到预期目标，与美联储的实施效果存在一定的差距。具体来看，可能的原因主要有两个方面：一是美联储的非常规货币政策改变了企业和居民等微观主体的预期，消费和投资出现了回升，而日本中央银行的量化宽松政策虽然增加了银行体系流动性并保持了低利率环境，但微观主体预期并未扭转，消费投资的扩张动力较弱；二是外部投资环境影响内部货币政策效果，2008年金融危机席卷全球，外部的投资环境较差，因此美联储货币政策的效果可以很好地作用于内部，日本实行量化宽松的时间较早，期间外部投资环境良好，特别是中国正处于经济快速增长时期，日本对外投资的高比例在一定程度上影响了量化宽松的效果。

5. 美日两国货币政策效率差异的原因分析及启示。美国和日本都是实行自由浮动汇率制度的国家，其资本市场也是高度对外开放，但在同一时期，两国货币政策的效率却大有不同，其中原因值得我们深入分析。综合分析美国和日本两国货币政策的成败，我们从中得到以下启示：

（1）不同条件下，使用利率杠杆得到的效果是不一样的。在美国，利率与储蓄和投资之间存在直接函数关系。但在日本，利率的变化对储蓄和投资的影响较低（在中国，货币政策的中间目标还是货币供应量，而不是利率，利率下调对储蓄和投资的影响极低，比日本更甚）。主要原因体现在以下几个方面：一是民族文化根深蒂固的影响。日本的储蓄率居高不下，排名世界第一，只要有一个百分点的利率，人们就不会轻易将储蓄转化为消费。想用降低利率的方法来刺激消费，是很困难的。二是经济增长的衰退造成消费需求不足。日本经济陷入衰退后，消费者对经济前景信心下降，进一步造成消费支出的下降。这一点美国也一样，自从美国 2001 年 3 月进入经济衰退后，加上 2001 年“9・11”事件的影响，美国人民似乎也陷入了同样的信心危机当中，2001 年美联储连续 11 次下调联邦基金利率，累计降幅 4.75%，息口创 40 年来最低，才成功阻止消费信心的下滑。三是长期议而不决的各种经济改革（就业制度、退休制度等）以及摇摆不定的财政政策产生的不确定性，导致居民消费信心受挫，进而导致消费支出下降。四是企业的经济效率低下，利率杠杆对它们不起根本性转变作用。20 世纪 90 年代以来，日本公司投资效益下降的趋势日益明显，资本—产出率（实际资本同实际 GDP 之比）不断上升，利润率不断下降。实际借款成本由于物价水平的下降等原因而不断上升。在这种情况下，为了减少亏损、维持一定的利润水平，企业主动减少投资支出。因此，要从根本上抓经济效益，才能使利率对投资的弹性加大。

（2）利率机制本身要有弹性。美国利率政策的成功，应归功于利率机制灵活弹性。美联储可随时根据增长速度、通货膨胀、失业率和股市景气等状况，灵活运用利率杠杆。而日本的金融体制长期处于严格的分业和利息率管制中，市场对利率调整的反映欠灵活，而更严重的是，随着长达十年的经济衰退，日本的利率下调空间已经为零，陷入了流动性陷阱。与之相比，美国在 2001 年可以在一年内连续 11 次下调利率，证明美国的利率调整空间比较大。

（3）在一定时期内，货币政策的目标应保持单一性。坚持一个目标更有利于提高货币政策的效率，而多个目标可能会使货币当局降低效率。日本货币政策的最终目标是价格稳定，经济持续增长、汇率稳定和国际收支平衡。值得注意的是，目前许多国家，如美国中央银行把物价稳定作为货币政策的唯一目标（通货膨胀率不得超过 2%），日本银行并未这样做，而是坚持综合考虑各种经济指标，然后由日本银行董事会的成员通过投票决定日本货币政策的变动。但是，美国坚持单一目标使其在货币政策的制定上体现了高度的独立性和灵活调整的特点，而日本在制定货币政策时却过多地考虑了四大目标的均衡问题，始终不能形成一套独立而且长期的调整体系，这也在一定程度上解释了美日两国货币政策效率差异的原因。

（4）对货币政策效率的评价应考虑其与财政政策的搭配使用。在现实经济中，货币政策和财政政策经常是配合使用的。在评价货币政策效率时，必须考虑其与财政政策的主辅关系，是作为货币政策配合财政政策，还是财政政策配合货币政策，抑或两者相对独立？不同的搭配关系，取决于该国的宏观经济形势和调控体系，也决定了货币政策效率的高低。

美国货币政策是独立于财政政策的，政府的宏观调控措施必须在美联储制定的货币政策基础上进行。美联储的货币政策直接影响政府发行债券的成本，同时它还影响包括利息率、房屋抵押贷款率、外汇市场利率以及证券市场在内的一篮子利率，因此，这种配合更为必要。

从一些迹象看，二者的配合有默契之处，也有矛盾的一面。比如，在布什看来，刺激经济增长、保持经济繁荣是其减税计划的出发点和落脚点。2001 年初，美联储降息以抑制美国减速过猛。但是，从长远看，格林斯潘在国会听证会上多次强调平衡财政预算的重要性，指出应该将联邦预算资金优先于支付国债，待财政有盈余后再考虑减税。布什却反复强调在减税问题上决不妥协。显然，布什减税与格林斯潘稳定税基的做法给人以南辕北辙之感。格林斯潘的货币政策的特点是灵活调整。而布什的减税政策一旦确定便强调稳定性，“灵活调整”难以实现；另外，减税动摇税基，减少财政收入，“平衡预算”会成泡影；减税使财政赤字出现的机会增加，自然弱化美元，海外资金撤出弱势货币市场、美股下跌难以避免。

（三）同时期日本汇率制度与货币政策的关系

1. 有效性。20 世纪 50 年代初，由于日本国内以及国际上的诸多原因，日本的经济开始进入高速发展时期，原因之一是日元的汇率较低。1950 ~ 1971 年，日本一直采取 1∶360 的固定汇率制，这对日本经济的高速发展起着举足轻重的作用，在此期间，虽然紧缩性的货币政策对通货膨胀有所抑制，但是却不利于经济的增长，甚至会使恢复时期的日本经济日渐衰退。1979 ~ 1984 年，虽然日本贸易余额不断上升，但是日元汇率总体来说相对稳定。如图 3 – 5 所示，

20 世纪 90 年代至 21 世纪初期，日本 GDP 增长率逐年降低，可以说日本正在衰退的边缘徘徊。2008 年金融危机后，日本实行“量化宽松”的货币政策，通货膨胀率维稳，GDP 增长率回升，逐渐步入复苏的轨道。

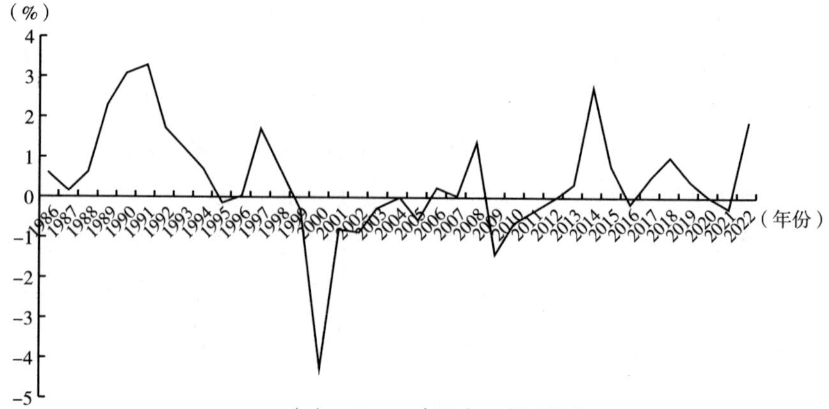

（a）1986~2022年日本CPI同比增速

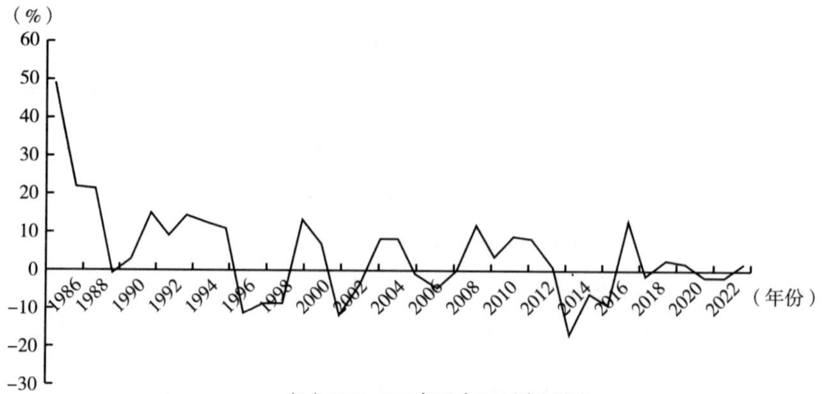

（b）1986~2022年日本GDP同比增速

图 3 –5　1986 ~ 2022 年日本 CPI 及 GDP 同比增速

资料来源：日本中央银行。

2. 独立性。

（1）固定汇率制度下日本货币政策的独立性。1971 年，布雷顿森林体系解体，在此期间，日元汇率升值，为了抵消日元升值带来的影响，日本决定实施扩张性的货币政策。1971 年 12 月至 1973 年 2 月，日本事实上实行的是钉住美元的固定汇率制。如图 3 –6 所示，这段时期内，日本利率和美国利率保持着高度的相关性，货币政策独立性有所下降。

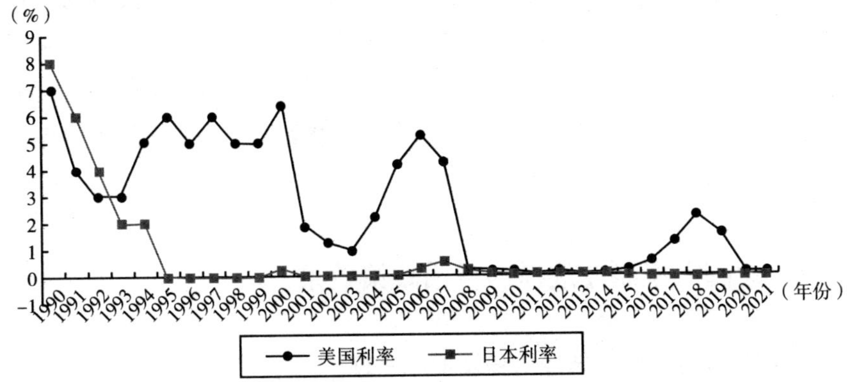

图 3－6　1990～2021 年日本和美国利率变动趋势

资料来源：日本中央银行和美国中央银行。

（2）有管理的浮动汇率制度下日本货币政策的独立性。1973 年开始，日本由原来的钉住美元的固定汇率制度转变为有管理的浮动汇率制度，规定日元汇率由市场决定。1973 年 10 月，爆发石油危机，美元贬值，日本走出经济高速增长时期，油价的迅速攀升使得日本国内面临着经济停滞以及通货膨胀的双重压力，此时，就汇率制度而言，日本由过去维持了 20 多年的固定汇率制转为实行有管理的浮动汇率制，同时就货币政策而言，为了应对物价大幅度上涨的困境，1973～1975 年采取了紧缩性的货币政策。

紧缩货币政策实施后，美国的货币政策对日本的货币政策有很强的溢出效应，日本的货币政策的独立性大大下降。1977 年，日元从钉住美元制变成了浮动汇率制。日本的利率和美元的利率呈现出相对明显的负相关。

（3）浮动汇率制度下日本货币政策的独立性。20 世纪 80 年代中后期，尤其是“卢浮宫协议”之后，为了维持日元稳定，应对国内的低通货膨胀率，日本开始采取较为宽松的货币政策。日本中央银行实施了宽松的货币政策，以减少资本流入的规模来降低利率。在日本的低利率环境中，投资者并未将大部分资金投资于实体经济，而是将大量资金投资于房地产市场，最终形成了资产泡沫。泡沫在 90 年代初破裂，90 年代的阪神大地震对日本的经济产生了巨大影响。在此之后的大部分时间里，日元汇率与美国和日本之间的利率差异密切相关。两国利率的溢出性质高度正相关，日本的货币政策独立性已大大下降。在 90 年代后期的亚洲金融危机期间，日本银行实施了宽松的货币政策，以减少资本流入的规模以降低利率。在 90 年代后期的亚洲金融危机期间，日元大幅度升值。1991 年泡沫破裂之后给日本经济带来了通货紧缩，日本经济遭遇了很长一段时间的停滞，之后日本开始实行宽松的货币政策。2017 年，日本中央银行表示将继续实施扩张性的货币政策，以期尽早实现通货膨胀目标。

四、泰国汇率制度选择与货币政策效果

（一）泰国汇率制度选择历程及汇率表现

1997 年东亚金融危机发生之前，泰国实行钉住“一篮子货币”的汇率制度，美元在篮子货币中所占比重达 80% 左右，泰国实际上是钉住美元的汇率制度。同时泰国开放了资本账户以后，资本可以自由地流出流入。联系美元的汇率制度虽然维持了泰铢汇率的稳定，但是也完全消除了境外投机者进行投机活动须承担的汇率风险，所以大量短期国际资本流入泰国，造成经济发展过热的现象。

1994 年，美联储推行加息政策，且加息幅度较大，为了防止国内资金外流，泰国也被迫提高了本国的市场利率，高利率和稳定的汇率吸引大量的短期资金流向泰国国内。1996 年，美元升值，与美元挂钩的泰铢也不得不升值，泰国商品在国际市场中的竞争力也随之下降，不利于泰国的出口发展，但泰国仍然实行钉住美元的汇率制度。

1997 年 7 月，泰国财政部与中央银行被迫宣布泰铢实行自由浮动汇率，放弃使用与美元挂钩的汇率制度，泰铢价值完全由市场供求关系决定，可以反映经济发展的基本情况，有利于泰国整体经济发展。泰国被迫实行浮动汇率制度以后，泰铢当日即贬值 20%，3 万多家企业破产，汇率制度弹性突然增加，短期来看，给泰国金融市场带来不小的冲击，泰国面临维持金融市场稳定的艰巨任务。

自由浮动汇率制度下，泰铢的名义价值能够较为客观地反映其实际价值，距离其汇率制度改革半年后，泰铢实际有效汇率停止继续下降，1998 年 2 月，泰铢实际有效汇率为 76.31，有了明显的回升。1998～2004 年，泰铢的实际有效汇率指数都较为平稳，没有明显的波动，说明该汇率制度下泰铢

贬值趋势得到了控制。2005 年，泰铢实际有效汇率指数才开始有上升的趋势，略低于东亚金融危机前泰铢的汇率水平。自由浮动汇率制度下，泰铢的贬值是暂时的，长期来看，泰铢贬值得到了有效的控制，并且有升值的趋势，也能够客观地反映出泰铢的实际价值。

（二）同时期泰国的货币政策实施情况

钉住汇率制阶段（第二次世界大战结束至 1997 年 6 月）。泰国在第二次世界大战后，采取了钉住汇率制，货币与金融政策的制定也与钉住汇率制相协调。1995 年，美元升值且幅度很大，泰铢汇率持续上升，国内产品出口竞争力减小，泰国出口数量骤减，经济增长缓慢。此时，为刺激经济增长，泰国应该实行扩张性货币政策，通过货币供给的增加，降低泰铢的利率，从而促进消费和投资。然而，由于此时泰铢仍实施钉住美元的汇率政策，为了使汇率制度保持稳定，泰国中央银行被迫实行紧缩性货币政策，减少货币供应量，提高利率水平。

货币目标制阶段（1997 年 7 月至 2000 年 5 月）。1997 年 7 月，泰国宣布实行浮动汇率制度，在这一阶段，泰国经历了金融危机，经济陷入了自第二次世界大战以来最严重的经济衰退。泰国中央银行一直奉行紧缩性的货币政策，泰国货币政策的主要目的就是维持泰铢的稳定。

1998 年，金融危机有所缓和，但考虑到外汇市场有不稳定因素的存在，泰国政府仍实行较紧的货币政策。当汇率下降时，中央银行调高政府公债回购贴现率；当汇率上升到比较符合实际水平时，泰国中央银行就下调政府公债回购贴现率。

反通货膨胀目标制（2000 年 5 月至今）。货币当局明确宣布以物价稳定作为首要目标，宣布在未来一段时间内要达到的核心通货膨胀率目标范围，通过宏观经济模型的模拟计算，测算出未来一段时间内的核心通货膨胀率。将此预测值与货币当局事先宣布的目标范围相比较，货币当局根据两者之间的差距，通过变动利率的方式来调整货币政策的趋势，最终使未来的核心通货膨胀率落在目标范围之内。

（三）同时期泰国汇率制度与货币政策的关系

1978～1997 年，泰国一直实行事实上钉住美元汇率制。1996 年 12 月，随着泰国经济基本面开始恶化，金融部门出现多种问题，市场上存在泰铢贬值预期，大量资本逃离泰国。由图 3－7 可以发现，1997 年，索罗斯攻击泰铢，使泰铢大幅贬值，泰国中央银行动用外汇储备进行干预，以稳定泰铢汇率，在市场上泰铢贬值越来越大时，泰国中央银行外汇储备已经基本用尽，不得已之下，宣布泰铢不再维持钉住美元的汇率，开始实行自由浮动的汇率政策。由于泰国存在大规模的资本外逃，泰铢汇率制度转为浮动汇率制后，没有为泰国货币政策赢得独立性，货币政策独立性反而有所下降。

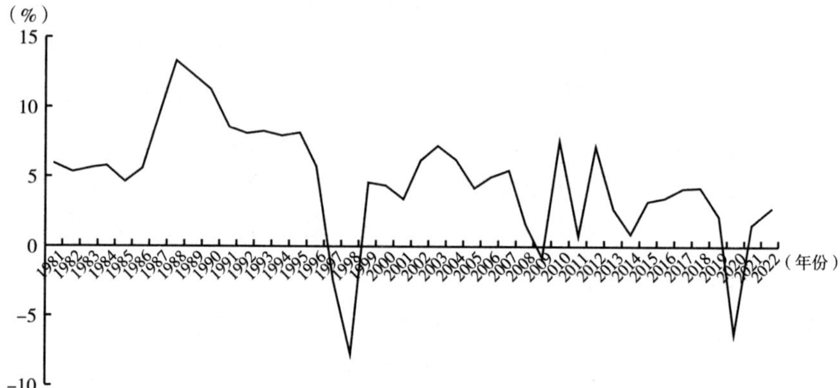

（a）1981~2022年泰国GDP同比增速

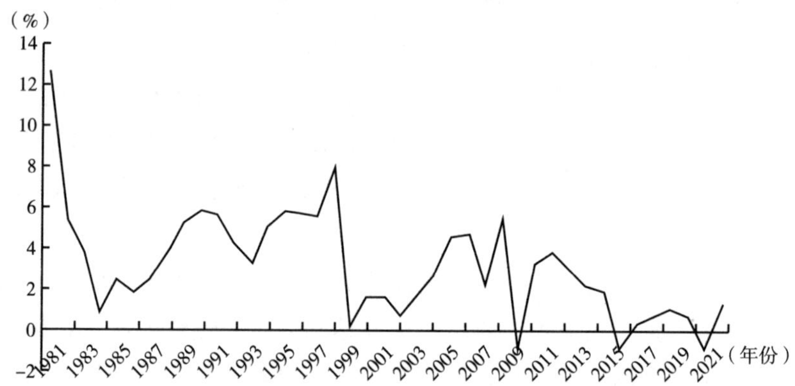

（b）1981~2022年泰国CPI同比增长率

图 3－7　1981～2022 年泰国 CPI 及 GDP 同比增速

资料来源：泰国经济和社会发展委员会。

由图 3－8 可以看出，货币政策缺乏独立性给泰国货币危机期间带来了巨大的负面影响，货币危机爆发后，泰国国内生产总值出现负增长，经济存在严重衰退。同时期，美国利率保持在一个平稳的状态。泰国中央银行不能降低本国利率提升国内实体经济，因为降低利率会使泰国资本外逃规模更大；泰国不能大幅提升本国利率水平防止资本外流，因为提高利率会进一步造成国内经济紧缩。货币政策缺乏独立性无疑给泰国衰退的经济雪上加霜。

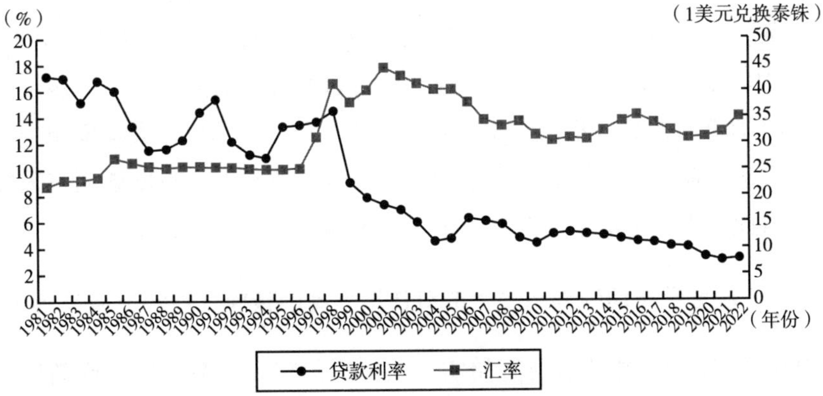

图 3－8　1981～2022 年泰国汇率和贷款利率变动情况

资料来源：泰国经济和社会发展委员会。

2005 年，美国利率处于上升周期，泰国存在国际收支逆差的情况下，不得不上调国内利率，否则会出现更大的国际收支赤字，因而泰国货币政策独立性在 2005 年处于一个低谷值。2010 年，美国利率处于下降周期，泰国存在国际收支顺差的情况下，可以根据国内经济形势调整国内利率，因而泰国货币政策独立性在 2010 年处于一个波峰值。2008 年，国际金融危机期间，泰国货币政策独立性指数有一个显著的下降。

第二节　国内汇率制度变迁与货币政策效果

一、中国汇率制度选择历程及汇率表现

（一）从爬行钉住制到管理浮动制的转换（1979～1994 年）

1979 年以后，我国实行改革开放。为了扩大对外贸易的范围及数量，我国开始推广人民币计价结算的范围，在这一时期，人民币汇率定得较高，

1980 年人民币兑美元的汇率为 1.4984，一直到 1980 年底，人民币汇率均呈现出上升的趋势。但从 1981 年开始，人民币开始剧烈贬值，当年就贬值了 23 次，仅在 1985 年的一年时间里就贬值了 80 多次，因此，这一时期的汇率制度为“爬行钉住制”。1986 年开始，中央银行就逐渐缩小了调整汇率的幅度和次数，根据 Wind 数据库查询发现，1988 ~ 1991 年汇率仅调整了 4 次。因此，IMF 将中国在此阶段的汇率制度重新归类为更加灵活的汇率制度。自 1991 年 4 月 9 日起，人民币汇率制度进一步改革，取消以往大幅度频繁调整汇率的做法，而是开始依据国内宏观经济以及外贸状况，适度地调整人民币汇率，自此，人民币汇率逐渐趋于平稳，更加适合我国经济的发展。

（二）从管理浮动制到实质上的钉住汇率制的转换（1994 ~ 2005 年）

1993 年 12 月，中央银行开始实施人民币的官方汇率与外汇调剂价格的并轨。从当时我国面临的国内外货币环境和整体经济环境的角度来看，实行钉住美元的固定汇率制度可以减少由于官方汇率与外汇调剂价格并存带来的汇率混乱问题。在十多年的固定汇率制度下，我国的汇率较为稳定，且实现了小幅度的升值。据统计，在汇率并轨改革的初期，人民币兑美元的汇率为 8.6187，发展至 1997 年，1 美元可以兑换 8.2898 元人民币的水平，人民币币值逐年升值。直至 2004 年，美元对人民币的汇率一直保持在 8.27 ~ 8.28。1994 ~ 2005 年的汇率制度分为两个阶段：

阶段一：1994 ~ 1998 年，有管理的浮动汇率制。1994 年，我国的外汇管理体制进行了重大改革，汇率实现并轨，将外汇调剂市场汇价与官方汇价合二为一，建立“单一的、以市场供求关系为基础的有管理的浮动汇率制”，大幅度降低政府干预的程度，充分发挥市场机制的作用。1996 年我国成为 IMF 第八条款国，实现了人民币经常项目可兑换，同时，我国对资本项目外汇的管制依然严格，适应我国社会主义市场经济的外汇管理体制初步形成。

阶段二：1998 ~ 2005 年，我国实行的是钉住美元汇率制度。自 1997 年亚洲金融危机之后，人民币保持了事实上的“钉住制度”，人民币对美元名义汇率固定不变。因此，在 1999 年，IMF 将我国的汇率制度归类为“传统的钉住汇率制度”。

（三）有管理的浮动汇率制（2005 年至今）

我国对外贸易进一步发展，出口竞争力有了明显提升，美元在国际市场上持续走弱，实行钉住美元的汇率制度受到了国际市场尤其是美国的巨大压力，与此同时，中国经济在制度、企业以及市场等方面也发生了深刻变化。为提高人民币汇率的独立性，中国汇率制度进入新的改革时期。2005 年 7 月，我国正式实行以市场供求为基础，参考一篮子货币进行调节、有管理的浮动汇率制度。2007 年，中央银行继续扩大人民币汇率浮动范围，并且上调了个人年度购买外汇和外商直接投资额度的限额，取消了中央银行对于国内机构经常项目外汇账户的限制。

2015 年 8 月，中国人民银行发布关于完善人民币兑美元中间报价机制的声明，决定完善人民币兑美元中间报价。此后，汇率中间价的形成更多反映了市场供求变化，减少了政府政策干预的影响。2015 年，中国外汇交易中心发布了 CFETS 人民币汇率指数，其本质是中国人民银行口径的人民币有效汇率，这更加强调了参考货币篮子，推动人民币与美元脱钩的意图，增强人民币的相对独立性。

近十几年，通过中国人民银行一系列汇率政策的调整，人民币越来越多地成为其他国家的外汇储备和结算货币。人民币影响力的增强，对于我国国际地位的提高有着重要的意义。

二、同时期中国的货币政策实施情况

（一）2005 年之前的货币政策

1. 改革初期的适度紧缩型货币政策。1994 年之前，我国经济处于过热的阶段，面对这种情况，中国人民银行开始实施适度紧缩的货币政策，试图实现我国宏观经济的“软着陆”，取得了一定的效果。

1994 年，M0 和 M1 增长率下降超过 10 个百分点。1995 年，我国货币供应量增长率持续下降。同时，在中国人民银行干预下，1994 年的外汇储备高达 300 余亿美元。当时的政府资产构成与基础货币投放量均产生了结构性变化，中国经济面临着较大的内外压力。祸不单行的是 1994 年我国 M2 增速达到34.5%，通货膨胀率将近25%，这都造成了货币政策的困境。

1995年处于“八五计划”尾声，当年的通货膨胀形势严峻。中国人民银行为了控制通货膨胀，实施了紧缩的货币政策，在一年内两次提升长期贷款利率。为了维持出口稳定以促进国内经济发展，中国人民银行尽可能降低人民币升值速度。基于此考虑，中国人民银行持续在外汇市场上投放人民币，这种外汇市场干预措施虽降低了人民币升值速度，但也大大增加了国内人民币供给量，导致通货膨胀水平进一步提升。为抑制通货膨胀水平持续走高，1996年，中国人民银行继续实施从紧的货币政策，有效降低了通货膨胀率。至此，我国国民经济初步实现了“软着陆”，出现了“高经济增长率，低通货膨胀率”的全新局面。

然而，随着紧缩型货币政策推行时间的逐渐延长，其带来的负面效果也开始逐渐显现。第一，集中体现于国内市场需求严重不足，国家宏观经济发展严重不均衡，该阶段的商品市场供大于求，我国开始面临着严重内需不足的状况，并且这种状况成为阻碍我国经济增长的重要影响因素。第二，我国在适度紧缩型货币政策的状况下，受1997年亚洲金融危机的影响，之前严重的通货膨胀开始逐渐转变为通货紧缩。第三，金融危机之后，我国城镇失业人数开始大量增加，面临着大量的职工下岗问题，不利于我国社会稳定及经济增长。第四，受东南亚金融危机的影响，我国对外出口幅度和数额大幅下降，依靠对外出口拉动经济增长的道路一时间难以实行。

2. 扩张型货币政策。考虑到几年紧缩型货币政策带来的内需不足，通货紧缩、失业严重以及依靠出口拉动经济增长放缓的现状，我国在1997年提出了以扩大内需为宏观经济目标的扩张型货币政策。此时货币政策的主要目标在于应对通货紧缩，拉动国内经济增长。但是由于当时的市场制度不够完善，导致货币政策并没有起到预期效果，有效性较低。面对这种状况，在1998年之后，国务院开始以积极的财政政策作为主要经济政策，中国人民银行逐步实施适度宽松的货币政策。但是，此时的货币政策仅为配合财政政策而使用。

3. 紧缩型货币政策。2003年之后，中国人民银行在稳健型货币政策的基础上，开始实行适度紧缩的货币政策，对利率和存款准备金率等进行了微调。具体做法如下：第一，中国人民银行进行连续的公开市场操作，并且操作力度持续加大。同时，采取多样化的货币政策，比如调整存款准备金率，改革准备金制度等。第二，充分发挥利率调节的杠杆作用，同时中国人民银行开始稳步推进我国的利率市场化改革。第三，政府开始大力发展货币和资本市场，中国人民银行开始逐步完善我国货币政策的市场传导机制，进一步提高货币政策实施的有效性。

（二）2005 年以后的货币政策

中国人民银行根据国内外经济金融的整体形势，适时调整了汇率的浮动区间。这段时间实行的汇率管理机制，是真正的浮动汇率管理机制。人民币对美元的汇率 3 年时间增幅达到 15.8%，到 2011 年底，人民币累计升值 22.3%。

1. 2005～2006 年稳健的货币政策。2005～2006 年，我国的宏观经济投资增长过快，造成了过大的贸易顺差和信贷投放量。这一时期的主要任务还是继续完善货币政策的传导机制，提高货币政策的有效性。

具体做法如下：2006 年底，中国人民银行批准试运行 SHIOR，这标志着我国利率市场化进程的开始。2006 年，国内出现投资增长速度持续过快，贸易顺差持续过大等问题。于是，2006 年的货币政策力度增大，外汇存款准备金率上调 1%，共发行中央银行票据数量上升至 3.65 万亿元。

2. 2007 年货币政策开始收紧。2007 年，商业银行与其他金融机构的流动性开始增大，货币信用贷款数量持续扩张。在此基础上，中国人民银行将稳健的货币政策调整为收紧的货币政策，并且将基础货币作为目标变量。

具体做法如下：2007～2008 年，连续十多次提高了存款准备金率，上调存款准备金率累计达到 5.5%；连续六次加息，将一年期的存款贷款利率上调三成，并且重启了 3 年期中央银行票据，同时配以不断上调存贷款基准利率等举措。

3. 2008～2010 年全球经济危机下货币政策适当放宽。2008 年，受国际金融危机的影响，我国经济开始出现衰退现象。在这一时期，货币政策也由从紧逐渐转为适度放松，同时适时调整了我国的汇率浮动区间。

具体做法如下：在 2008 年 7 月，中国人民银行进一步限制了人民币汇率的波动范围，有效地保持了人民币相对美元汇率的稳定性，同时中央银行配以不断下调存款准备金率等政策；2009～2010 年，金融危机的影响继续蔓延，我国经济持续低迷，货币政策继续适度放松。2009 年，中央银行票据累计发行 4 万亿元，5 次下调存款利率，促进了宏观经济快速恢复。至此，我国经济逐渐开始好转，但是不可避免地出现了通货膨胀。

4. 2011 年以来有针对性的稳健货币政策。2011 年以来，我国面临的主要宏观经济问题是通货膨胀，因此中国人民银行将货币政策的首要目标制定为控制持续上涨的通货膨胀压力，稳定国内物价水平。

具体做法如下：2011 年，中央银行发行票据量累计达 1.4 万亿元，上调存款准备金率 6 次，上调贷款基准利率 3 次。2012 年，中国人民银行 2 次下调存款准备金率和贷款基准利率。2013 年中央银行继续把握稳中求进的工作总基调，加强和改善宏观调控，实施稳健的货币政策，增强操作的灵活性。2014 年，全球经济体普遍出现经济增长乏力问题。我国开始进入经济结构转型调整时期，经济、社会都面临巨大的压力，经济增速开始换挡。同年，中央银行短期流动性调节工具（SLO）操作额度达 1.02 万亿元。

综合 2005 年以来的货币政策可以发现，中国人民银行在货币政策使用的灵活性、针对性和有效性方面都有了显著提升，并且开始显现了较强的预见性。中国人民银行逐渐把握了市场运行规则，对货币政策工具的综合性使用能力显著提高，显示了我国的货币政策正在逐渐变得更加成熟、灵活和有效。

三、同时期中国的汇率制度与货币政策的关系

（一）有效性

货币政策效果的衡量指标有两大类：一类是衡量货币政策最终效果的指标，主要有通货膨胀率指标和经济增长率指标，这类指标又称为货币政策的最终目标；另一类是中介目标，指标主要有货币供应量、信贷总量和利率等。本书主要探讨第一类指标。

受 1997 年亚洲金融危机的影响，通货膨胀变为通货紧缩，甚至出现数次物价的负增长现象，同时我国对外出口大幅下降；受到金融危机和我国经济转轨的双重影响，国内职工下岗危机严重，劳动力市场供大于求，导致国内结构性矛盾。就货币政策而言，1997 年下半年开始，货币政策用来配合财政政策同时出台实施，同时调整国内存款准备金率。在汇率制度

方面，1994～1997年实行的是事实上的钉住美元的汇率制度，人民币汇率一度保持稳定，但是由于对外开放程度的不断加大，人民币面临着越来越大的升值压力。

由此可见汇率制度与货币政策的互动关系。第一，货币政策从紧，导致逐利的境外资本流入，因此我国贸易顺差扩大，人民币升值压力提高。另外，货币政策收紧，因而内需得到抑制，导致失业率随之提高。第二，为了调节收紧的货币政策导致的贸易顺差，政策制定者开始适度放松货币政策，使国内资本逐渐流出。

如图3－9所示，1998～2004年，通货紧缩日益严重，我国国内对商品的需求量远远小于商品的供给量，失业率持续上升，扩张性货币政策继续实施。在这一时期，中央银行需要实施紧缩性的货币政策以吸引外资流入。

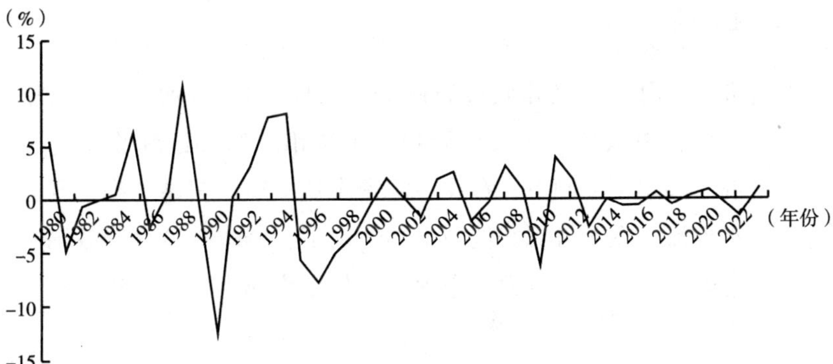

（a）1980~2022年中国CPI同比增速

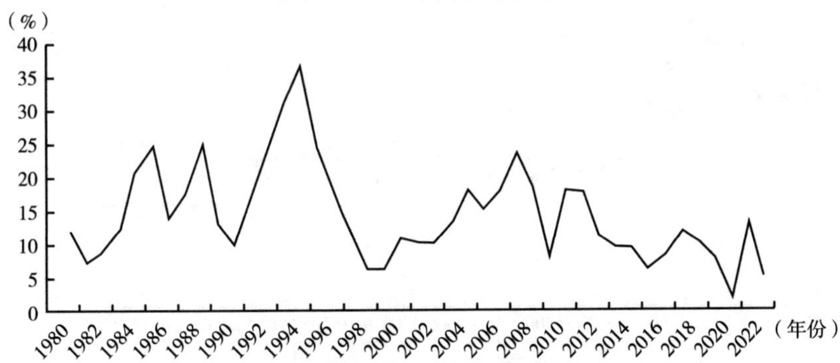

（b）1980~2022年中国GDP同比增速

图3－9 1980～2022年中国CPI及GDP同比增速

资料来源：国家统计局。

2005 年人民币汇率改革之后，我国对外贸易顺差连续几年持续增加。在实现了出口拉动经济发展的同时，我国开始面临较高的通货膨胀率和人民币的升值压力。中国人民银行基于有管理的浮动汇率前提，采取让人民币继续升值的方式，同时配以稳健的货币政策，这样既可以控制通货膨胀，也可以有效控制长期的贸易顺差问题。通过 2009 ~ 2010 年我国持续下降的贸易顺差就可以得到验证，同时期的通货膨胀率也处于较低的水平。其中不仅蕴含着国际金融危机的影响，同时也体现了汇率制度与货币政策共同作用的结果。总而言之，与 2005 年之前相比，这一阶段，我国的汇率制度与货币政策之间体现得更多的是互动与协调性的提升。特别是 2008 年全球金融危机之后，中国人民银行对二者的协调处理方式更加灵活与成熟。同时，人民币的汇率制度改革也给货币政策的有效性带来了更大的施展空间。

（二）独立性

1. 固定汇率制下中国货币政策的独立性。如图 3 – 10 所示，随着中国经济不断对外开放，中国货币政策会受到美国货币政策和国际收支失衡的影响。简单来说，固定汇率制下，存在一定资本流动时，美国利率上升会引发中国跨境资本外流，在不考虑其他因素的情况下，资本外流会导致国际收支赤字，本币有贬值压力。一方面，中国会在外汇市场上进行干预，买进人民

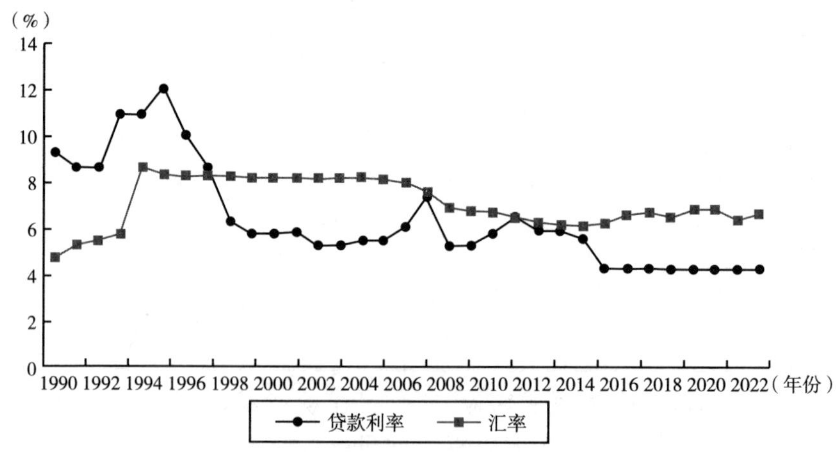

图 3 – 10　1990 ~ 2022 年中国贷款利率与汇率走势

资料来源：国家统计局。

币卖出美元以维持汇率稳定，从而对数量型货币政策产生影响；另一方面，中国会提升国内利率以减轻资本外流的压力。

美国货币政策对中国数量型货币政策的影响是通过影响国际收支状态，进而影响外汇储备和货币供应的变动。国际收支失衡对数量型货币政策独立性的直观传导渠道如下：若一国实行固定汇率制度，国际收支不平衡状态下，中央银行需要在外汇市场进行干预，从而导致本国基础货币产生变化，即数量型货币政策的独立性受到影响；倘若一国实行中间汇率制度，国际收支不平衡状态下，中央银行同样需要在外汇市场进行干预，一般而言，干预的力度会比固定汇率制下更小；倘若一国实行浮动汇率制度，则国际收支的不平衡会引发本币汇率的变化。

2. 中间汇率制下中国货币政策的独立性。中间汇率制度下的汇率制度弹性要强于固定汇率制度而小于浮动汇率制度。在金融开放度不变的条件下，随着中间汇率制度弹性的增加，货币政策独立性会显著增强。中间汇率制度下的国际收支失衡和美国货币政策对中国货币政策独立性的影响与固定汇率制情形下具有一定的相似性。区别在于中间汇率制度下，汇率制度具有一定的弹性，不考虑其他因素的情况下，中央银行干预外汇市场的力度会更小。

3. 浮动汇率制下中国货币政策的独立性。虽然人民币汇率制度改革仍在路上，人民币未实现完全浮动，但是未来人民币是极有可能实行浮动汇率制的。随着人民币汇率市场化改革进程的推进，货币政策的操作难度又进一步加大，体现在我国货币政策调整对人民币汇率的影响会变大，而人民币汇率的波动又会反过来影响我国的经济增长和物价稳定，从而影响货币政策的调控效果。相比固定汇率制度，在有管理的浮动汇率制度下，货币政策的传导渠道受到汇率的影响，会变得更为复杂。

| 第四章 |

汇率制度改革、货币政策独立性与有效性：资本管制 DSGE 政策框架下的实证模拟

我国的汇率政策与货币政策的冲突史表明三者存在着相互影响与制约的关系。我国以稳定人民币币值的汇率政策与以调控产出和通货膨胀的货币政策之间常发生冲突，为了实施稳定的汇率政策，货币政策的独立性和有效性大大降低。“十三五”规划明确提出要推进汇率市场化改革，进一步增加人民币汇率弹性；完善货币政策传导机制，提高货币政策有效性。在人民币汇率市场化改革过程中，我国政府重视货币政策的独立性，通过适当放大汇率的波动，为资本账户改革进一步推进作好准备。另外，人民币加入国际货币基金组织特别提款权货币篮子将使得人民币迎来一个更加灵活的形成机制。在此背景下，更加灵活的汇率弹性机制是否能够换来更加独立和更加有效的货币政策？汇率的弹性提升是否能增强我国货币政策的有效性和独立性？汇率市场化改革时期该如何选择合适的货币政策？这些问题的研究无疑对处于金融自由化改革的中国经济具有重要的现实意义。

本章构建包含资本管制因素的 NOEM - DSGE 框架，在统一框架下分析资本管制程度不同时汇改如何影响数量型和价格型政策的有效性和独立性。本书特色在于：(1) 不同于以往研究对过去不同汇率制度下的比较，本书基于过去的数据对模型进行校准和估计，运用 DSGE 模型对未来汇率市场化改革进行模拟。(2) 考虑资本管制因素，蒙代尔（Mundell，1960；1961；1963）多次强调若考虑资本流动因素时，汇率管制程度对经济影响研究变得复杂化，必须将资本管制程度、国家经济规模、名义冲击和实际冲击考虑在内。这给本书研究带来启示，需要同时考虑非政策实际冲击和政策名义冲击，同时考虑资本

管制程度，将中国看作是小型开放国家进行研究。(3) 在同一个框架下考虑货币政策有效性和独立性，有助于分析政策有效性和独立性的关系。

第一节　国内外利率冲击的宏观经济效应经验分析

本章目标是研究汇率市场化改革和资本账户协调推进的宏观经济效应，基本研究内容是分析两者协调推进背景下国内外各种冲击对国内经济的影响，其中一项重要研究内容为国内外利率冲击的效应。因此建立一个包含国内外利率、产出和通货膨胀、汇率等 7 个变量的 VAR 模型，分析国内外货币政策冲击的影响效应。本书采用 VAR（p）的数学表达式：

$$y_t = A_t y_{t-1} + \cdots + A_p y_{t-p} + Bx_t + \varepsilon_t \qquad t = 1,2,\cdots,T \qquad (4-1)$$

其中，y_t 是内生变量列向量，x_t 是外生变量列向量，p 是滞后阶数，T 是样本个数。A，B 为被估计的系数矩阵。ε_t 为扰动列向量。

国内外产出均采用不变价生产总值数据，国内利率采用市场化程度最高的 7 天同业拆借利率，国外利率采用美国联邦基准利率，汇率采用直接标价法的美元兑人民币汇率。国内产出和通货膨胀数据来自国家统计局网站，汇率数据来自中国人民银行网站，国外产出和通货膨胀数据来自美国劳工统计局网站。样本时期为 1996Q1 ~ 2022Q4。对变量进行单位根检验发现原数据不平稳，但做一阶差分后数据平稳。根据 AIC 和 SIC 最小化准则确定滞后阶数为 2，如图 4 – 1 所示，VAR（2）的 AR 根检验结果显示模型是稳定的。然后得到脉冲响应函数的冲击图，如图 4 – 2 所示。

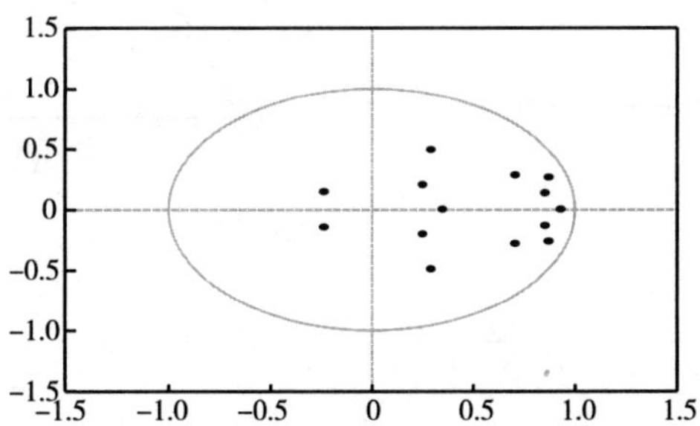

图 4 – 1　单位圆和特征根

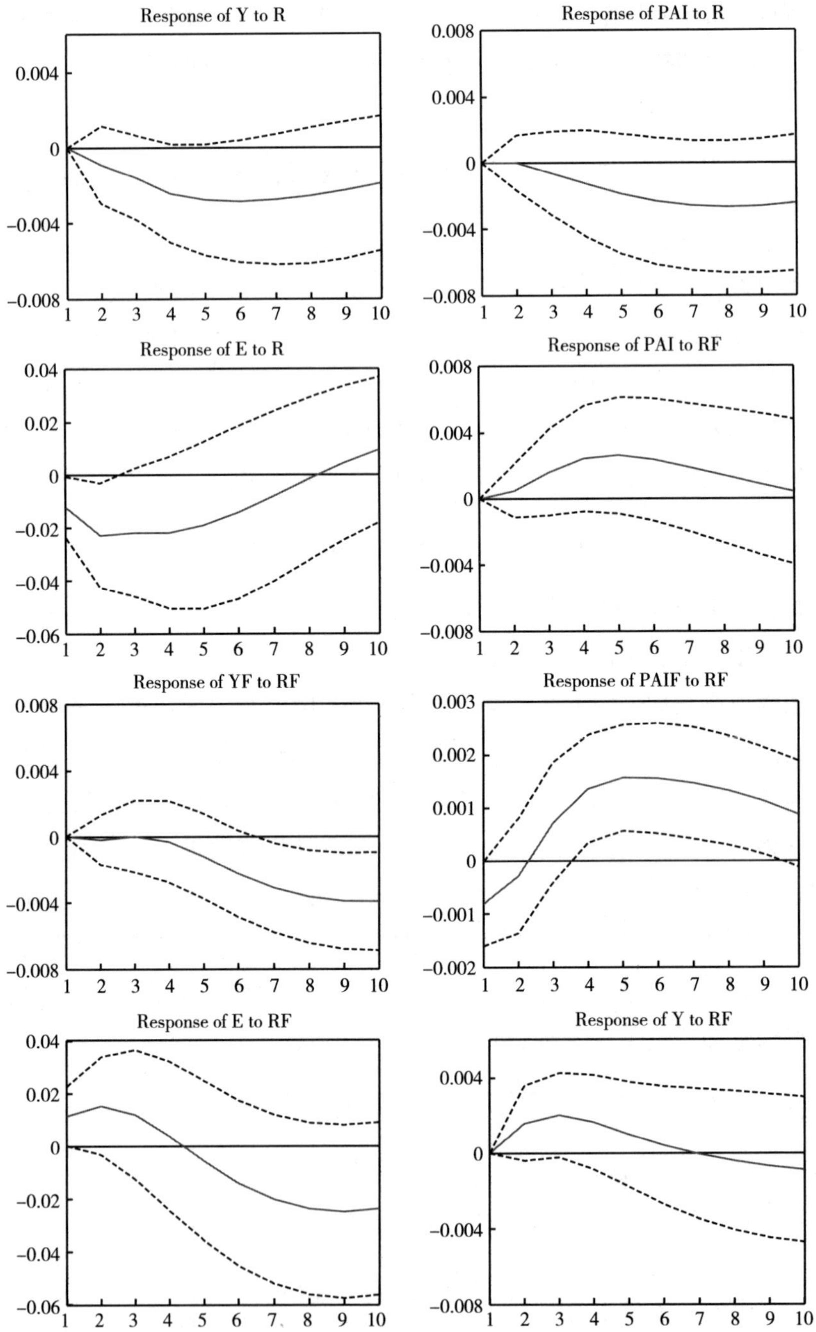

图 4-2 VAR 脉冲响应分析

图 4 - 2 为国内外利率冲击对国内外产出、通货膨胀以及汇率的动态反应过程。其中变量 Y、PAI 和 R 表示国内的产出、通货膨胀和利率；相应的 YF、PAIF 和 RF 表示国外的产出、通货膨胀和利率；E 表示人民币汇率。图 4 - 2 显示，国内利率上升会导致国内产出、通货膨胀和汇率下降；国外利率上升引起国外产出通货膨胀和汇率下降，体现了利率的逆周期调控特征。国外利率对国内产出和通货膨胀的影响均是正向，主要原因是国外利率提高导致货币外流，国内资金需求减少，国内利率下降，刺激投资和消费，产出增加通货膨胀上升。这与卞志村（2011）、肖卫国等（2015）结论一致。基于以上分析发现国内外利率冲击具有以下经验特征：国内利率调控政策具有逆周期性；国外利率对国内产出和通货膨胀的影响为正向。

第二节　国内外资本账户开放的典型事实

一、国外资本账户开放的典型事实

汇率形成机制改革、资本账户开放是我国金融改革的两大核心内容。相关开放次序问题是最近争论的热点，“先内后外”的改革次序得到了很多学者的认同，其主要根据是“不可能三角理论”等。先内后外论认为应当先完成汇率市场化改革，然后再完成资本账户开放，否则经济体容易遭受外部冲击。事实上，“不可能三角理论”具有局限性，并不完全适合中国目前的实际情况（中国人民银行调查统计司课题组，2012）。两者不存在简单的先后关系，而是循序渐进、协调推进的关系。汇率改革和资本账户开放的所谓次序，没有定论，而应该根据经济的发展状况及时调整，做到改革成本最小化。

表 4 - 1 显示，美国的改革获得了成功。首先，美国金融改革实行美元的国际化。第二次世界大战后，美国成为世界第一大经济体，凭借布雷顿森林体系和马歇尔计划，美元获得世界中心货币的地位。1972 ~ 1974 年中东石油危机期间，美国与沙特阿拉伯达成美元在石油等大宗商品交易中作为计价货币的秘密协议，使美元货币地位得到强化。其次，放松资本管制。随着布

雷顿森林体系的解体，1974 年美国废除了一系列资本管制措施（包括 1964 年的“利息平衡税”、1965 年美联储要求国内金融机构自愿限制在国外的贷款和投资等），使资本账户得以开放。再次，汇率自由化改革。1978 年，美国宣布接受国际货币基金组织条款，实行浮动汇率制度。最后一步是利率市场化改革。1980 年美国开始利率市场化改革，随后宣布废除“Q 条例”，但真正实现利率市场化是在 20 世纪 80 年代中期。

表 4－1　　1974～1994 年各国资本账户开放和汇率制度调整历程

国家		资本账户开放	汇率自由化	改革效果
发达国家	美国	1974～1978 年	1960～1973 年固定汇率制 1973 年后完全浮动汇率制	重要国际货币（1925） 全球本位货币（1945）
	日本	1964～1984 年	1960～1971 年固定汇率制 1972～1985 年管理浮动汇率制 1985 年后完全浮动汇率制	SDR 货币篮子（1974） 放宽境外贷款和汇兑限制（1980） 重要国际货币
	德国	1959～1985 年	1960～1973 年固定汇率制 1973 年后完全浮动汇率制	重要国际货币
	英国	1958～1979 年	1960～1973 年固定汇率制 1973 年后完全浮动汇率制	重要国际货币
新兴市场国家	韩国	1989～1995 年	1964～1990 年固定汇率制 1990～1997 年管理浮动汇率制 1997 年后完全浮动汇率制	经济增速平稳，物价水平有所上行，经常项目有所恶化，国内外利差基本稳定
	泰国	1989～1994 年	1984～1997 年固定汇率制 1997 年管理浮动汇率制 1998 年后完全浮动汇率制	经济增速平稳，物价水平大幅上行，经常项目恶化，国内外利差扩大

资料来源：中国人民银行调查统计司课题组《协调推进利率汇率改革和资本账户开放》。

日本的改革遵循先内后外的原则，在新兴经济体来看这是种风险最低的改革模式。然而，日本利率市场化改革还未结束就发生了房地产泡沫破裂，1991 年外资撤离导致房地产价格暴跌。现在看来，日本没有把握好改革节奏和力度。1971 年，“华盛顿协议”迫使日元兑美元汇率波幅由 1% 扩大至 2.5%，标志日元汇率“无海图航海”时代开始。1977 年日本实施国债利率市场化改革，标志着其利率市场化改革的开启。1979 年日本开始操作存款利率市场化，近 20 年才最终完成利率市场化改革。日本资本账户开放时间相对较晚，20 世纪 90 年代前后才基本实现资本账户开放。尽管日本遵循先内后外改革模式，但由于改革时间过长，也未把握好改革力度与节奏，日本失去经济结构调整的大好机会，最终“失去二十年”。

比较英国和德国，两国的汇率市场化、资本账户开放改革次序与完成时间都基本相同。两国在 1959 年前后完成货币可兑换，1973 年实施浮动汇率制，1980 年前后完成资本账户开放。不同的是，两国的利率市场化完成时间不同。德国在 1976 年就完成利率市场化改革，而英国直到 1986 年才真正完成。两国在应对国际资本冲击时，对资本都时而管制，时松时紧。但是德国改革过程中经济发展平稳，英国时常遭受危机，1992 年英镑发生危机、退出欧洲汇率机制。

韩国 1990 ~ 1992 年将韩元兑美元日均波幅扩大至 0.8%，1993 ~ 1995 年逐步对贷款利率、存款利率进行市场化改革，但是对资本账户开放非常慎重，对资本的进入管制较强。只允许非居民有限进入股票市场，对国内公司直接境外借款实行管制，非居民对非银行境内机构的贷款须事先审批。尽管韩国遵循先内后外的改革次序，1997 年亚洲金融危机依然重创了韩国经济。

不少国家急于利用外资发展国内经济和金融市场，放开资本管制，汇率市场化改革放在最后一个阶段。这种改革风险极大，如泰国、智利、瑞典采取这种模式都发生过经济危机等。日本、法国、英国采取汇率市场化→资本账户开放模式，都在改革过程中遭遇过多次经济危机。美国是唯一采取先外后内的国家，即资本账户开放化→汇率市场化，但是却取得了成功。总结发现，发达国家不在意先内后外的改革模式，但是发展中国家和新兴经济体均是采用先内后外的改革模式，汇率市场化和资本账户有先后之分。

二、中国资本账户开放的典型事实

在 20 世纪 90 年代以前，我国一直实行严格的资本管制，1993 年首次提出“实现人民币可兑换”的目标。1996 年中国接受国际货币基金组织第八条款，实现经常账户可兑换后，我国外汇管理体制改革的重点开始转向推动资本账户开放。但由于受随后爆发的亚洲金融危机的影响，此后的资本账户开放进程一度停滞。进入 21 世纪后，推进资本账户开放再次成为中国对外开放进程中的一项重要内容。

从表 4 - 2 可以看出，2001 年加入 WTO 之后，为更好地顺应经济的发展，我国资本账户开放进程开始逐步加快。具体来看，自 2001 年起，我国逐步放松了针对外国直接投资的各种限制，包括简化外商直接投资项目的审批手续、简化外商投资项下资本金结汇管理、取消外商对部分开放行业境内企业的并购限制。2002 年和 2011 年，分别推出 QFII 制度和 RQDII 制度，并先后实施“沪港通”“深港通”“熊猫债”“债券通”等诸多创新性举措，进一步优化了资本账户开放的管理模式，大大改善了营商环境。2012 年后，国内外经济形势出现了新的变化，面对错综复杂的经济形势，中国依然尝试继续推进人民币国际化和资本项目的开放。2016 年人民币被纳入特别提款权（SDR），进一步完善人民币汇率市场机制，扩大人民币汇率波动范围。2019 年 9 月 10 日，国家外汇管理局宣布取消 QFII 和 RQFII 的投资额度限制，标志着证券资本流入的进一步开放。2020 年新冠疫情并未打乱中国金融开放节奏，2020 年 6 月，金融业准入的负面清单已经正式清零。总的来看，我国正有条不紊地推进资本账户“渐进式”改革。

表 4 - 2　　1993 ~ 2020 年中国资本账户开放的历程

年份	资本账户开放的具体政策措施
1993	首次提出“实现人民币可兑换”的目标
1994	人民币汇率并轨、实行银行结售汇制度和建立银行间外汇市场
1996	人民币首次实现经常账户下自由兑换目标
2001	简化外商直接投资项目的审批手续、简化外商投资项下资本金结汇管理、取消外商对部分开放行业境内企业的并购限制
2002	推出 QFII 制度
2005	实施更富有弹性的有管理的浮动汇率制度
2011	推出 RQDII 制度
2016	人民币正式加入特别提款权（SDR）货币篮子
2019	取消 QFII 和 RQFII 的投资额度限制
2020	正式清零金融业准入的负面清单

第三节　理论模型构建

一、模型构建

假定世界经济由本国和外国构成，本国和外国经济体均包含居民、厂商和中央银行。居民在其预算约束的条件下，为实现其预期效用最优化，对消费、劳动力供给和期末资产进行跨期选择。厂商分为最终产品厂商和中间产品厂商。中间产品厂商利用劳动力和资本生产，生产出的中间产品出售给最终品厂商，最终品厂商利用中间品加工成最终产品，并提供给居民进行消费和投资。参考米什金和萨瓦斯塔诺（Mishkin & Savastano，2001）制定中央银行货币政策，致力于稳定物价、抑制经济波动和保持汇率的稳定。下面给出本国经济体的行为决策，外国经济体类似。

（一）居民行为决策

国内代表性居民的期望效用函数选择 MIU 形式：

$$\max: E_0 \sum_{t=0}^{\infty} \beta^t \left[\frac{C_t^{1-\sigma}}{1-\sigma} + \frac{(M_t/P_t)^{1-v}}{1-v} - \frac{N_t^{1+\varphi}}{1+\varphi} \right] \tag{4-2}$$

其中，β 为贴现因子，C_t 为居民的实际消费，M_t/P_t 为居民 t 期末持有的实际货币余额，N_t 为居民的劳动供给时间。效用函数体现了消费和持有货币能够带来正效用，而提供劳动带来负效用。σ、v、ϕ 为参数，分别反映了消费的跨期替代弹性、货币需求的利率弹性、劳动供给的工资弹性。

假定国内居民消费品篮子由国内商品和国外商品构成：

$$C_t = \left[\alpha^{\frac{1}{\eta}} (C_{H,t})^{\frac{\eta-1}{\eta}} + (1-\alpha)^{\frac{1}{\eta}} (C_{F,t})^{\frac{\eta-1}{\eta}} \right]^{\frac{\eta}{\eta-1}} \tag{4-3}$$

式（4－3）表明家庭一篮子消费（C_t）是国内产品消费（$C_{H,t}$）和国外产品消费（$C_{F,t}$）的加权综合。其中，$1-\alpha$ 表示进口产品的比值，参数 $\eta > 0$ 表示国内产品与国外产品的替代弹性。

本国居民消费支出还受到如下约束：

$$P_tC_t = P_{H,t}C_{H,t} + P_{F,t}C_{F,t} \tag{4-4}$$

式（4-4）表明国内居民的总消费支出等于消费国内产品的支出和消费国外产品的支出之和。

本国居民的预算约束由下面的形式表示：

$$P_tC_t + B_t + M_t = R_tB_{t-1} + W_tN_t + M_{t-1} \tag{4-5}$$

其中，B_t、W_t、R_t 分别表示居民 t 期的持有债券量、名义工资以及名义利率。居民通过选择合适的消费、劳动供给和持有货币实现效用最大化，得到：

$$C_t^{\sigma}N_t^{\varphi} = \frac{W_t}{P_t} \tag{4-6}$$

$$\left(\frac{M_t}{P_t}\right)^{-v}C_t^{\sigma} = \frac{R_t - 1}{R_t} \tag{4-7}$$

$$\beta R_tE_t\left[\left(\frac{C_{t+1}}{C_t}\right)^{-\sigma}\frac{P_t}{P_{t+1}}\right] = 1 \tag{4-8}$$

国外家庭居民的行为类似于国内家庭。

（二）厂商行为决策

厂商分为最终品厂商和中间品厂商，最终品厂商处于完全竞争市场而中间品厂商处于垄断竞争市场。之所以假设中间品厂商处于垄断竞争市场，主要是为了引入价格黏性来解释货币政策有效性。

1. 最终品厂商行为。代表性最终品厂商 i 生产差别化的最终产品，假定最终品按照中间产品 Dixit-Stiglitz 加总得到。最终品通过成本最小化优化得到最终产品价格和中间产品价格的关系为：

$$P_{H,t} = \left[\int_0^1 P_{H,t}^{1-\eta}(i)\,\mathrm{d}i\right]^{1/(1-\eta)} \tag{4-9}$$

代表性中间品厂商 i 利用劳动投入和技术进行生产：

$$Y_t(i) = Z_tN_t(i)^{\gamma} \tag{4-10}$$

其中，Z_t 为外生技术水平。

假设其服从一阶自回归过程：

$$\ln(Z_t) = \rho_z \ln(Z_{t-1}) + \varepsilon_t^z \qquad \varepsilon_t^z \sim N(0,\sigma_z^2),\ 0 < \rho_z < 1 \tag{4-11}$$

对任意产品 j 的需求为：

$$Y_{H,t}(j) = \left[\frac{P_{H,t}(j)}{P_t}\right]^{-\eta} C_t \tag{4-12}$$

2. 中间品厂商行为。本书使用价格黏性微观机制来解释货币政策的有效性，因此假定中间品厂商处在垄断竞争市场。中间品厂商的定价机制参考卡尔沃（Calvo，1983），假定不是所有的厂商都在同一时刻调整自己的价格，每一时刻有 $1-\rho$ 比例的厂商能够优化自己的价格水平。中间品厂商的目标是成本最小化和利润最大化，首先通过成本最小化得到实际的边际成本，然后通过利润最大化设定最优的产品价格。

中间品厂商的生产函数采用 C－D 生产函数形式，在由资本回报和工人工资构成的总成本最小化目标下，得到厂商的实际边际成本为：

$$mc_t = \frac{1}{\gamma}\omega_t g_t Y_t^{\frac{1-\gamma}{\gamma}} Z_t^{-\frac{1}{\gamma}} \tag{4-13}$$

其中 $g_t \equiv \dfrac{P_t}{P_{H,t}} = [\alpha + (1-\alpha)s_t^{1-\eta}]^{1/(1-\eta)}$ 表示本国的价格指数，s_t 为贸易条件 $\dfrac{P_{F,t}}{P_{H,t}}$。中间品厂商追求利润最大化，得到最优中间产品的价格 $P_{H,t}^{\#}$。

定义 $\prod_{H,t}^{\#} = \dfrac{P_{H,t}^{\#}}{P_{H,t-1}}$，$\prod_{H,t} = \dfrac{P_{H,t}}{P_{H,t-1}}$，$\prod_t = \dfrac{P_t}{P_{t-1}}$，对优化结果进行化简得到（参考张卫平，2012）：

$$\prod\nolimits_{H,t}^{1-\eta} = \rho + (1-\rho)\left(\prod\nolimits_{H,t}^{\#}\right)^{1-\eta} \tag{4-14}$$

以 CPI 度量的通货膨胀率（$\prod_t$）和本国产品度量的通货膨胀率（$\prod_{H,t}$）之间的关系为：

$$\frac{\prod_t}{\prod_{H,t}} = \frac{g_t}{g_{t-1}} \tag{4-15}$$

国外企业行为类似。

（三）我国利率与国外利率的关系——融入资本管制的无抛补利率平价

为体现中国的资本不完全流动特征，本书参考爱德华兹（Edwards，1985）、孙立坚（2005）、雷达和赵勇（2008），采用融入资本管制的无抛补利率平价描述资本流动的情况：

$$R_t = \omega[R_t^* + E_t Q_{t+1} - Q_t] + (1-\omega)R_t' \tag{4-16}$$

其中，R_t 表示当前资本半开放状态下的本国利率水平，R_t^* 表示资本完全开放下的国外利率，R_t' 表示资本完全封闭情况下的本国利率。

式（4-16）本质上将半开放下的本国利率看作是完全开放下和完全封闭下的利率加权值。加权系数（ω）可以反映资本市场的开放程度，显然该系数越大则资本开放程度越大。当 $\omega=0$ 时，资本完全封闭，此时的利率完全由国内利率决定；而当 $\omega=1$ 时，资本市场完全开放，此时的国内利率完全由世界利率水平决定。由于完全封闭下的经济体受到外部冲击较小，因此假设完全封闭下的利率水平（R_t'）的变化服从 AR（1）过程。

（四）中央银行

国内不少学者如赵进文和高辉（2004）、王胜和邹恒甫（2006）、刘斌（2008）、袁申国等（2011）等参考米什金和萨瓦斯塔诺（Mishkin & Savastano，2001），均认为我国的货币政策有稳定汇率的作用。因此，如下设置货币政策规则。

1. 数量型工具。假定中央银行将货币供给增长率作为调控产出、通货膨胀和汇率的工具：

$$\hat{u}_t = \rho_u \hat{u}_{t-1} + \varphi_\pi E\hat{\pi}_{t+1} + \varphi_y \hat{y}_t + \varphi_q \hat{q}_t + \varepsilon_t^u \tag{4-17}$$

其中，u_t 表示名义货币供给增长率。

对数线性化可以得到：

$$\hat{u}_t = \hat{m}_t - \hat{m}_{t-1} + \hat{\pi}_t \tag{4-18}$$

2. 价格型工具。以利率作为货币政策的操作变量：

$$\hat{R}_t = \rho_R \hat{R}_{t-1} + \rho_\pi E\hat{\pi}_{t+1} + \rho_y \hat{y}_t + \rho_q \hat{q}_t + \varepsilon_t^R \tag{4-19}$$

式（4-17）和式（4-19）引入了汇率波动，表明国内货币政策关注人民币汇率的波动。式（4-19）表明中央银行的货币政策不仅关注产出、通货膨胀的波动，还起到稳定汇率的作用。其中 φ_q、ρ_q 反映了货币政策对汇率波动的调控程度。若 $\varphi_q=0$ 或者 $\rho_q=0$，表明中央银行货币政策不关注汇率的波动，相应的汇率制度为完全浮动汇率制；若 $\varphi_q\neq0$ 或者 $\rho_q\neq0$，表明中央银行货币政策对汇率波动作出响应，此时的汇率制度可视为有管理的浮动汇率制度，国外的货币政策用标准的泰勒规则表示。

（五）产品市场均衡

本书没有考虑投资因素，因此国内产出应当等于国内居民的消费产品与国外居民消费的国内产品加总：

$$Y_t=\left(\frac{P_{H,t}}{P_t}\right)^{-\eta}(\alpha C_t+\alpha^*C_t^*) \tag{4-20}$$

同理国外产品市场也有类似的等式：

$$Y_t^*=\left(\frac{P_{F,t}^*}{P_t^*}\right)^{-\eta}[(1-\alpha)C_t+(1-\alpha^*)C_t^*] \tag{4-21}$$

二、模型参数的校准与估计

（一）数据的选取和处理

本章模型中包含静态参数和动态参数，静态参数采用校准法估计，包含动态参数的货币政策方程中含有预期通货膨胀，采用广义矩估计进行估算。为了估计动态货币政策模型中的参数，选择模型对应的国内变量：利率、产出、通货膨胀和汇率进行估计。考虑到中央银行真正意义上的货币政策始于1995年，样本范围为1996Q1~2022Q4。国内利率、产出和通货膨胀的数据来源于国家统计局网站，利率数据使用市场化程度最高的同业拆借利率代理，产出使用 GDP 代替；汇率数据来自中国人民银行货币政策司网站，名义汇率采用人民币对美元汇率数据。由于政策方程式中有实际汇率、实际产出缺口等数据，因此需要将名义数据变为实际数据，消除通货膨胀的影响。

实际汇率等于名义汇率乘以国内通货膨胀率/美国通货膨胀率，即 $q = S \times CPI^{*}/CPI$，美国通货膨胀率数据来自美国劳工部统计年鉴。

（二）校准、估计和检验

1. 参数校准。本章中的参数主要包括结构性静态参数和变量的稳态值。结构性静态参数采用校准法，即参考国内学者的相关文献给出参数值；而变量稳态值则取样本期内的变量平均值。参考国内学者如刘斌（2008）、王彬（2010）、张卫平（2012）等，取资本产出弹性为 0.6，季度资本折旧率为 2.5%，闲暇与消费的替代系数（φ）为1，价格前向性概率（ζ）为0.25，σ 为1.5，v 为2，α 为0.75，α^{*} 为0.25，η 为2，ρ 为0.75 等。参考雷达、赵勇（2008），ω 取0.6。国内利率、通货膨胀稳态值取样本期内均值，而国外相应均值取美国样本期内均值。实际边际成本 mc 取值为0.91。具体参数值如表 4－3 所示。

表 4－3　　模型部分参数校准值

π	R	R^{*}	σ	φ	v
1.025	1.035	1.01	1.5	1	2
α	α^{*}	γ	β	ρ	η
0.75	0.25	0.6	$1/R$	0.75	2
ρ_{π}^{*}	ρ_{y}^{*}	ρ_{z}	ρ_{z}^{*}	σ_{z}	σ_{z}^{*}
1.5	0.5	0.95	0.95	0.0075	0.0027

2. 参数估计。由于国内货币政策规则中变量包含预期变量，马文涛（2009）使用广义矩估计进行估计，此处也采用该方法对式（4－17）和式（4－19）进行估计，估计时工具变量选择各个变量的滞后一期，结果如表4－4 所示。

表 4－4　　模型动态参数估计结果

参数	ρ_{u}	φ_{π}	φ_{y}	φ_{q}	R^2	DW
数量型	0.78 (2.8)	−0.33 (−1.3)	−0.74 (−0.7)	−0.28 (−0.6)	0.73	1.96
参数	ρ_{R}	ρ_{π}	ρ_{y}	ρ_{q}	R^2	DW
价格型	0.68 (1.78)	1.08 (2.3)	0.37 (1.5)	0.2 (0.65)	0.59	1.84

注：括号内为 t 统计量。

估计结果 t 统计量表明各参数显著不等于 0，DW 值接近 2 表明估计结果不存在自相关性。另外，如图 4－3 和图 4－4 所示，真实利率与估计利率结果比较也显示出估计结果能较好地反映我国的货币政策规则。国外的货币政策规则参数采用标准的泰勒规则参数。

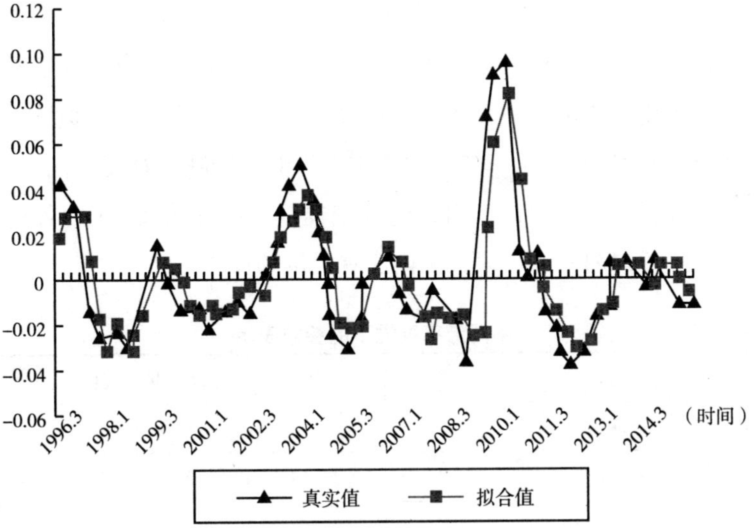

图 4－3 数量型下真实货币波动与估计货币波动

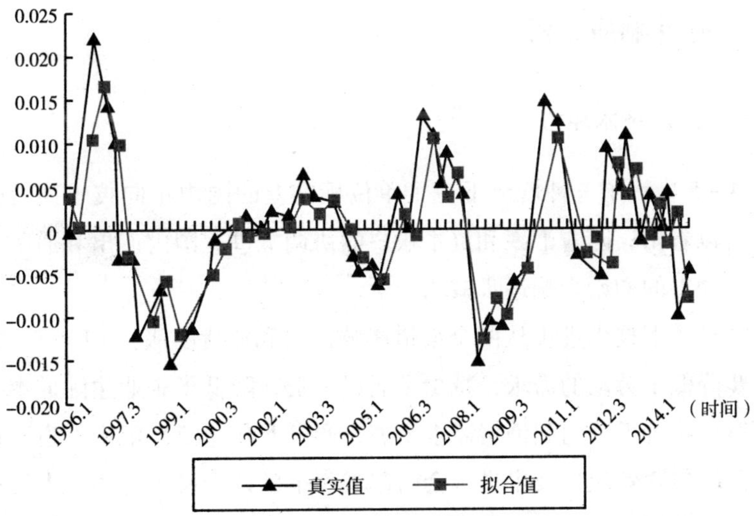

图 4－4 价格型下真实利率波动与估计利率波动

第四节　不同汇率制度下单工具政策抵御外部冲击的效果模拟

在实证情形模拟之前，需要先根据模型中的参数经济意义设定参数值来表示汇率市场化与资本账户开放协调推进。当前的汇率管制参数 $\varphi_q = 0.2$，以当前情形为基准情况，$\varphi_q = 0.2 \rightarrow 0.1$ 表示汇率管制相对放松，$\varphi_q = 0$ 表示完全放松。设置好情形后，下面讨论模型经济系统在表 4－5 的各种情形下受到各种不同的国内外冲击时，国内宏观经济的反应。

表 4－5　　不同汇率弹性下的参数表示

组合	汇率市场化程度
当前情形	$\varphi_q = 0.2$
相对放松	$\varphi_q = 0.1$
完全放松	$\varphi_q = 0$

一、脉冲响应分析

（一）国内技术冲击

图 4－5 显示了三种情形下一个单位标准差的国内正向技术冲击的脉冲响应。可以看出，随着汇率和资本账户的协调推进，国内产出和通货膨胀对同样大小冲击的初始影响逐步减弱。

开放经济下技术进步从两个渠道影响产出和通货膨胀：（1）工资渠道。技术进步降低了劳动的需求，减少了居民工资，降低了企业边际成本，导致物价下跌。物价下降引起消费需求增加，产出上升。（2）汇率渠道。根据巴拉萨－萨缪尔森效应，技术进步会引起汇率下跌，人民币升值。人民币升值减少出口，降低产出；人民币升值吸引国外资金进入，增加国内的货币供给量，导致通货膨胀压力。

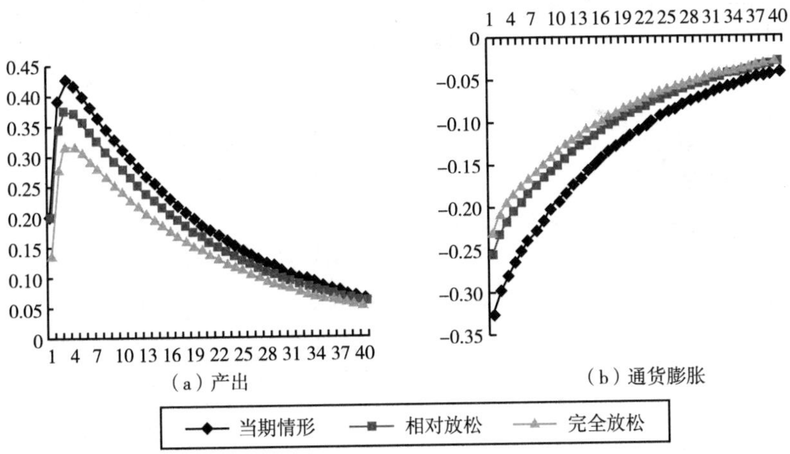

图 4－5　国内正向技术冲击的脉冲响应

以上两种渠道综合影响产出和通货膨胀，模拟显示最终的结果是工资渠道的影响占优。可以看出汇率渠道减弱了技术冲击引起的产出和通货膨胀波动。不难理解，随着资本账户开放程度和汇率市场化改革程度提升，技术进步引起的人民币升值空间越大，对产出的负向影响和对通货膨胀的正向影响越大，因此最终的结果如图 4－5 所示。

（二）国外技术冲击

如图 4－6 所示，随着汇率市场化改革的推进，国外技术冲击引起国内产出通货膨胀波动减少。根据巴拉萨－萨缪尔森效应，国外技术进步引起国外货币有升值压力，国内货币就存在贬值压力。在完全管制时期，中央银行为了防止人民币汇率贬值，通过外汇市场操作买入人民币，导致通缩压力增大，产出下降。可以看出该机制刚好与国内技术冲击的汇率渠道相反。因此管制程度越高，引起的通货膨胀压力越大。

（三）国外利率冲击

如图 4－7 所示，随着汇率市场化改革推进，一个单位国外利率正向冲击对于产出和通货膨胀的影响效应逐步增大，说明改革的推进会使国外利率对国内经济的冲击逐步增大。

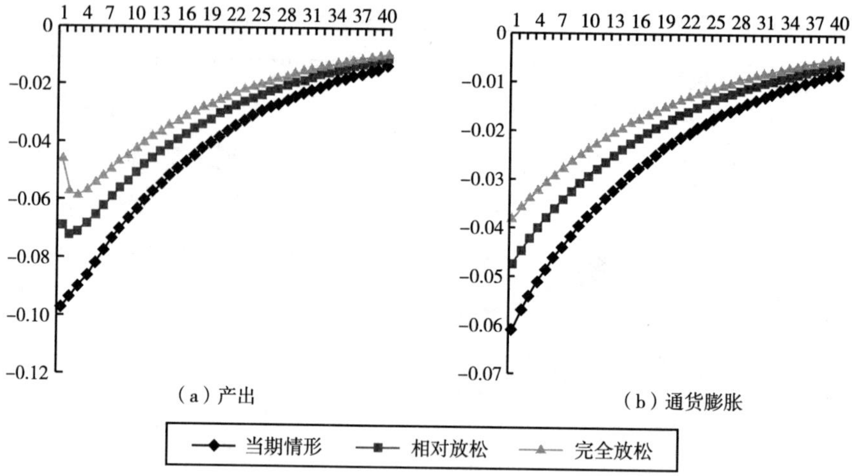

图 4-6　国外正向技术冲击的脉冲响应

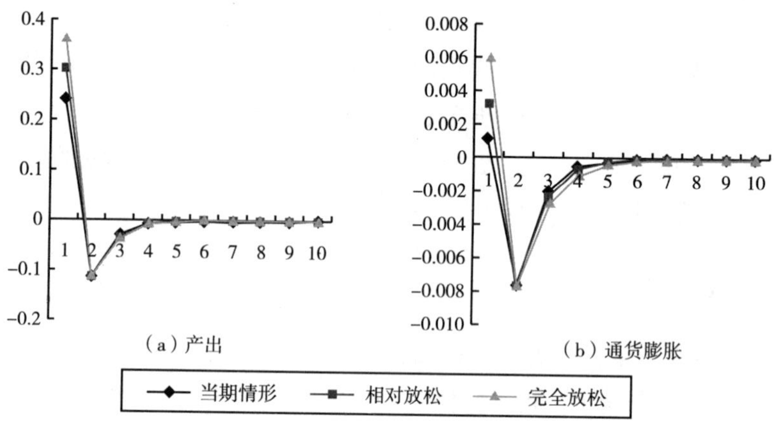

图 4-7　国外正向利率冲击的脉冲响应

国外利率上升，通过利率平价条件，国内资本流入国外，促使人民币贬值。由式（4-16）可知，此时国内利率变化受到汇率管制程度的影响，若管制程度高将会提升国内利率，抑制消费需求，降低通货膨胀和产出；若管制程度较低，人民币贬值导致货币外流，国内资金需求减少，国内利率下降，刺激投资和消费，产出增加通货膨胀上升。图 4-7 显示的结果正是后面一种情形。由以上分析可知，随着改革的深入、管制程度的降低，国外利率引起的产出和通货膨胀波动逐步增强。

二、波动性模拟

前面分析了单个冲击对国内产出和通货膨胀的影响；但是现实经济中的冲击可能会同时出现。由于货币政策的主要功能是调控宏观经济，国内利率冲击可以看作是政府的主动调控引起的。而其他三个冲击可以看作是国内经济体受到的被动冲击，当三个冲击同时发生时，国内产出和通货膨胀受到的影响如表 4－6 所示。

表 4－6　不同情形下受到各种冲击同时发生时产出和通货膨胀的波动（方差）

变量波动	当前情形	相对放松	完全放松
产出	2.3403	1.9374	1.5274
通货膨胀	1.0320	0.6177	0.4996

由表 4－6 可知，不同的外界冲击对国内产出和通货膨胀的影响不同，有增大和减小。那么，若这些冲击同时发生，综合分析结果如何呢？综合来看，改革的协调推进会减少外界冲击对经济的影响。该结论符合预期，从前面的脉冲结果来看，国内技术冲击和国外技术冲击对我国的产出和通货膨胀的影响都随着汇率市场化而逐步降低，仅国外利率冲击的影响逐步增大，三个冲击中国内技术冲击的影响最大。因此，三个冲击对产出和通货膨胀的综合影响越来越小。根本原因是汇率市场化改革和资本的开放增强了汇率的弹性，有弹性的汇率会吸收国内外的不利冲击，最终经济波动减少。

三、方差分解

表 4－7 中的方差分解显示：（1）国内技术冲击和国内利率冲击是引起经济波动的主要原因。（2）随着改革的协调推进，国内利率对产出波动的调控能力明显增强，而对通货膨胀调控能力并未明显改善。（3）随着改革的深入，实际冲击（国内外技术冲击）对国内经济的影响力逐步降低，而名义冲击（国内外利率冲击）对国内经济的影响力逐步增强。

表 4 - 7　产出和通货膨胀的方差分解　单位:%

变量	冲击	当前情形	相对放松	完全放松
产出	国内技术冲击	55.92	49.02	39.38
	国内利率冲击	39.19	46.27	55.13
	国外技术冲击	3.14	1.76	1.05
	国外利率冲击	1.82	2.96	4.44
通货膨胀	国内技术冲击	95.83	95.16	95.11
	国内利率冲击	0.62	1.23	1.78
	国外技术冲击	3.74	3.60	3.09
	国外利率冲击	0.01	0.01	0.02

方差分解带来的启示是汇率市场化和资本账户改革应当在平稳的外部经济环境中推进，避免国外货币政策的冲击。事实上，长期以来我国的汇率市场化和资本账户改革正是如此，在经济动荡期减慢改革速度，在经济平稳期加快推进。如我国 1994 年即开始对外宣布实施有管理的浮动汇率制度，但是本质上是固定汇率制。此期间国内遭遇罕见的通货膨胀，国内经济不平稳；而美国货币政策发生重大转变，放弃了以货币供给量的增加对经济实行宏观调控的做法，实行以实际利率为主的调控手段，为了防止通货膨胀在 1994 ~ 1995 年 7 次提高短期利率。1998 年亚洲金融危机爆发，各国运用宽松的货币政策刺激经济，此阶段我国政府承诺人民币不贬值，最终稳定了汇率。亚洲金融危机后，我国经济迎来了新一轮增长，但 2003 年“非典”对我国旅游业、出口等造成严重的影响；2004 年国内经济运行中的不稳定不健康因素得到抑制，国民经济保持了平稳较快发展的良好势头。国外方面，2001 年的“9 · 11”事件、2003 年的伊拉克战争对美国经济造成了重大不利影响，但 2004 年美国经济真正迎来了强劲复苏，通货膨胀率和利率基本都维持在 2% 附近。我国货币当局抓住有利时机，2005 年推行了真正的有管理浮动汇率制度。2008 年世界金融危机的爆发，导致汇率市场化改革进程变缓，人民币对美元汇率在 2008Q3 ~ 2010Q3 都维持在 6.8 左右。随着金融汇率的影响逐步消退，汇率市场化改革加速，汇率弹性逐步增强，如 2012 年以来我国人民币对美元汇率由 ±0.5% 经过两次调整已经扩大至 ±2% 。

从本书的模拟结果和我国金融改革进程来看，可以预见随着国内外经济的复苏及不确定性因素逐步减少，政策当局必将抓住时机，实施浮动幅度更大的管理浮动汇率制。

四、福利分析

本书有四大冲击，其中国内利率冲击可视为在经济发生波动时，中央银行主动进行宏观经济调控而产生，因此该冲击对经济的影响越大表明政策越有效。但是其他三大冲击引起经济波动导致中央银行货币政策损失。参考伍德福德（Woodford，1999）居民的福利损失表示为：

$$L = E_t \sum_{i=1}^{n} \vartheta^i \left[\widehat{\pi}_{t+i}^2 + \lambda_y \widehat{y}_{t+i}^2 + \lambda_q \widehat{q}_{t+i}^2 \right] \tag{4-22}$$

其中，$\widehat{\pi}$、$\widehat{y}$、$\widehat{q}$ 分别表示通货膨胀波动、产出波动和汇率波动，ϑ 为折现因子，λ 反映了货币政策关注产出波动的程度，n 为货币政策关注的时间范围，计算时设其为 40，即银行最多考虑 10 年内的政策效应。

假定中央银行与家庭的时间偏好相同，即 $\vartheta = \beta$。为保证结论的可靠性，分别取 $\lambda_y = \lambda_q = 0.5$ 和 $\lambda_y = 0.5$，$\lambda_q = 0$ 进行分析，具体结果如表 4－8 所示。

表 4－8　　各情形下各种冲击的社会福利损失值

冲击	情形	$\lambda_y = \lambda_q = 0.5$	$\lambda_y = 0.5$，$\lambda_q = 0$
国内技术冲击	当前情形	1.66	1.51
	相对放松	1.067	1.062
	完全放松	0.89	0.80
国外技术冲击	当前情形	0.14	0.048
	相对放松	0.11	0.037
	完全放松	0.10	0.036
国外利率冲击	当前情形	0.07	0.028
	相对放松	0.11	0.046
	完全放松	0.14	0.070
总福利损失	当前情形	1.85	1.58
	相对放松	1.32	1.15
	完全放松	1.17	0.92

表4-8中的福利损失分析显示，随着改革的深入，国内外技术冲击引起的社会福利损失下降，而国外利率冲击引起的国内居民福利损失上升。总福利损失显示，改革会减少居民的福利损失。

福利损失分析实质上是将各种冲击对经济变量的动态反应用一个综合指标体现出来，可以看出福利损失分析的结果与前面的脉冲响应分析保持一致性。综合前面的货币政策效应分析和此处的福利损失分析，反映出汇率市场化和资本管制改革不仅有助于政府部门提升货币政策的有效性，而且还能够提升居民的福利。

第五节　汇率制度改革对货币政策独立性与有效性的影响

一、货币政策有效性分析

为了分析汇率市场改革的政策效应，下面从经济变量受到冲击后的脉冲响应和方差分解角度进行分析，期望评价结果对汇率制度的选择提供有益的参考。

（一）脉冲响应分析

模型中包含四种冲击，国内外技术冲击和国内外利率冲击。汇率市场化的推进，必然伴随着货币政策干预稳定汇率的程度。在此思路下，将模拟设置 $\varphi_q = -0.3$，-0.15，0 表示货币供给调控政策的干预程度降低；设置 $\rho_q = 0.2$，0.1，0 表示利率调控政策的干预程度降低，即汇率市场化改革进一步推进。下面给出这些参数1个单位的正向的利率调控效应比较图。

如图4-8和图4-9所示，以政府货币政策关注度下降测度的汇率市场化改革引起汇率波动的增强，货币供给和利率调控通货膨胀和产出的初始效应明显增强。这说明汇率市场化改革提升了两种类型的货币政策的调控能力，而且利率调控政策的有效性提升较快，但利率调控会面临较大的汇率波动。

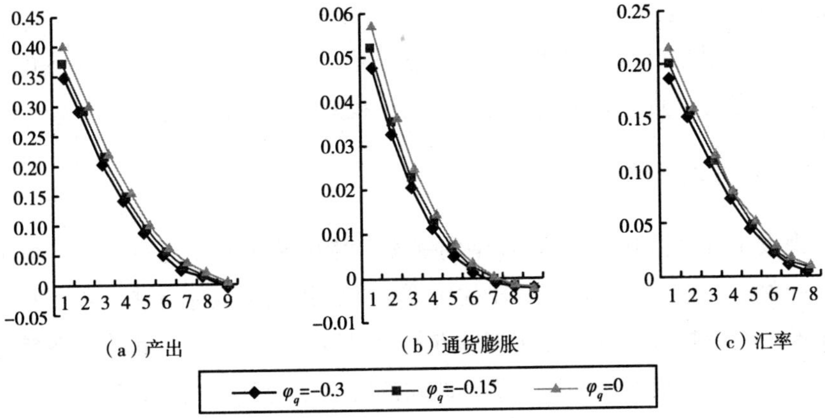

图 4-8　汇率市场化改革对货币供给调控产出和通货膨胀的影响

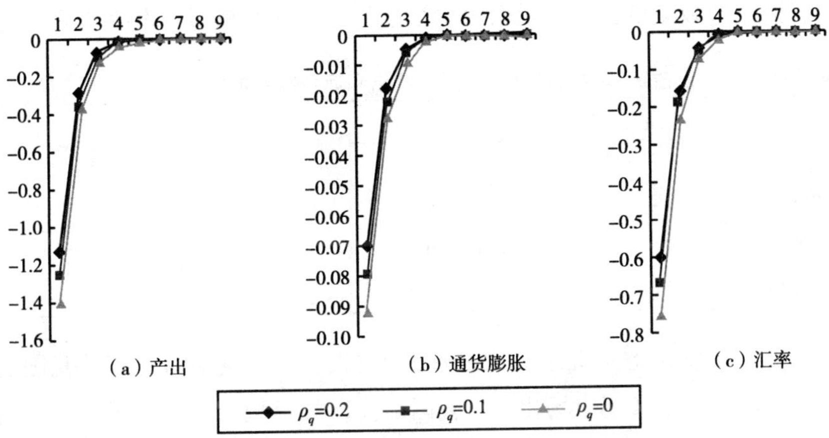

图 4-9　汇率市场化改革对利率调控产出和通货膨胀的影响

长期以来，我国的固定汇率制度制约着货币政策作用的发挥。如 1994～1996 年我国遭遇了改革开放以来最严重的通货膨胀危机，通货膨胀率接近 15%，政府将存款利率提高至 10.98%，而人民币却对外升值对内贬值，此阶段紧缩的货币政策又使其继续对外升值。最终为了稳定汇率，无论是数量型还是价格型货币政策对内调控效果均不理想。1998～2000 年，国内物价下降发生通货紧缩现象，同时人民币汇率贬值。为了稳定汇率，采取的紧缩性货币政策进一步加剧了国内通缩。随着 2005 年我国真正实行有管理的浮动汇率制度以来，货币政策有效性明显提升。本书的脉冲响应结论充分证明了这一点。

随着我国利率市场化和汇率市场化改革的逐步推进，利率和汇率的联动机制逐步完善，货币政策尤其是价格型调控效果将取得明显的改善。

（二）方差分解

由表4－9可知解释变量波动的能力。货币政策对于通货膨胀的影响能力在开放经济中很弱，通货膨胀的主要影响是国内的技术冲击；而货币政策对于产出的影响和技术冲击相当。方差分解显示，无论是货币供给政策还是利率调控政策，对产出和通货膨胀波动的解释能力都在上升，这其实也说明了汇率市场化改革有助于货币政策有效性的提高。另外，利率调控对汇率的波动解释能力高于货币供给，两种政策对汇率的波动贡献都逐步增强，这说明了我国货币政策的汇率渠道会随着汇改的深入逐渐畅通，发挥调节功能。

表4－9　　汇改进程中两种货币政策对产出和通货膨胀的解释力度　　单位：%

变量波动	货币供给政策			利率调控政策		
	$\varphi_q=-0.3$	$\varphi_q=-0.15$	$\varphi_q=0$	$\rho_q=0.2$	$\rho_q=0.1$	$\rho_q=0$
产出波动	8.28	8.97	9.72	41.21	41.73	42.48
通货膨胀波动	0.24	0.30	0.38	0.62	0.83	1.14
汇率波动	4.74	5.11	5.53	31.28	32.78	34.48

在货币政策独立性和有效性之间，中央银行更关注后者。当前我国的存贷款利率已经基本实现市场化，为我国当前以数量型为主的货币政策转向以价格为主提供了基本的条件和基础。文章的脉冲响应模拟显示了我国的汇率市场化改革将大大提升价格型货币政策的有效性，因此当前我国的货币政策应逐步转为价格型为主。但同时也看到价格型货币政策容易带来汇率的波动增大，因此需要提升微观经济主体特别是贸易型企业应对汇率风险的能力，增强政策透明度，保证汇率不要出现过度波动，避免政策调控过度导致的经济波动。

二、货币政策独立性分析

目前相关研究中有关货币政策独立性分析主要采取的是相关分析，即分析国内的货币政策与国外的货币政策的相关关系，相关性越强则独立性越弱。当经济面临各种冲击时，国外利率提高一个百分点，在开放经济中对我国的经济变量特别是货币供给和利率产生影响。使用 Dynare 软件通过模拟可以给出代表影响程度的国内外货币政策的相关系数。通过改变参数 φ_q 和 ρ_q 来反映数量型和价格型货币政策下的汇率市场化改革进程，改变 ω 值来反映资本账户改革，分析汇率市场化和资本账户改革的深入推进带来货币政策独立性的变化。模拟结果如表 4－10 所示。

表 4－10　　汇改进程中我国货币政策与国外货币政策的相关系数

资本管制程度	货币供给政策			利率调控政策		
	$\varphi_q=-0.3$	$\varphi_q=-0.15$	$\varphi_q=0$	$\rho_q=0.2$	$\rho_q=0.1$	$\rho_q=0$
$\omega=0.6$	0.1545	0.1627	0.1717	0.8906	0.8751	0.8559
$\omega=0.7$	0.1071	0.1197	0.1334	0.8488	0.8357	0.8203
$\omega=0.8$	0.0703	0.0863	0.1037	0.8090	0.7977	0.7853
$\omega=0.9$	0.0409	0.0597	0.0799	0.7723	0.7619	0.7517
$\omega=1$	0.0172	0.0379	0.0603	0.7389	0.7286	0.7197

纵向分析发现，随着资本账户的逐步开放，无论是国内数量型还是价格型货币政策，其独立性都增强。横向看，汇率市场化改革进程中，国内数量型货币政策与国外货币政策的相关系数增强，即独立性减弱；国内价格型货币政策与国外货币政策的相关系数减弱，即独立性增强，上面两个结论与胡再勇（2010）结论一致。对角线可以看出，无论是数量型还是价格型货币政策，汇率市场化和资本账户协调推进都能够较大程度地增强货币政策的独立性。

通过有效性分析和独立性分析可以看出，我国的货币政策存在如下问题：在汇率市场化改革下，数量型货币政策的调控有效性弱于价格型货币政策，但是独立性却强于价格型货币政策。分析结论显示：推进汇率市场化的同时资本账户也要逐步推进，在货币政策操作上要结合数量型和价格型操作，避免单独使用数量型导致货币政策独立性降低。

三元悖论告诉我们：国内货币政策独立性、人民币汇率稳定性、资本完全流动性之间最多只能同时实现两个目标，而放弃另外一个目标。本书的模拟结果显示随着汇率市场化改革与资本账户开放的协调推进，我国货币政策的独立性明显增强，符合三元悖论的含义，但是从模拟结果来看，即使完全实现汇率自由化和资本完全开放，货币政策依然无法实现完全独立。当前不少学者支持放弃汇率稳定将获得货币政策自主性（独立性）这一判断，主要源自三元悖论。本书的实证结果显示该论断并非完全正确，首先这种论断存在将货币政策独立性和有效性等同的可能；即使在不等同情况下，放弃汇率稳定并不能带来数量型货币政策自主性（独立性）的提升。另外，模拟结果也对弗兰克尔和弗拉茨舍尔（Frankel & Fratzscher，2002）的“可能性二元”的中国化给出了更具体的结论：资本高度流动和富有弹性的汇率搭配将有效增强国内价格型货币政策独立性，但不能增强数量型货币政策有效性。

三、结论稳健性分析

（一）月度数据分段回归稳健性分析

考虑到汇率变量敏感程度高，本书使用月度数据对式（4－17）和式（4－19）进行估计。估计时需要用到利率、广义货币供给量、汇率、通货膨胀率、产出和汇率月度数据，由于国家统计局没有查询到月度产出数据，常用做法是月度工业增加值代替月度产出（工业增加值国家统计局公布月度数据），数据处理过程参考《人民币汇率弹性和我国货币政策效果》。分段样本范围为1996M1～2005M7 和 2005M8～2022M12。下面分别对数量型货币政策和价格型货币政策进行估计并使用 2005M8～2022M12 阶段估计的结果代入 DSGE 框架进行模拟，检验结果的稳健性。

1. 数量型工具的分段回归。使用月度数据通过回归分析，发现若使用式（4－17）回归，则预期通货膨胀前面的系数不能通过显著性检验。从统计角度拟合这三个时间段的数量型货币政策规则，最合适的货币政策方程为：

$$\widehat{u}_t = \rho_u \widehat{u}_{t-1} + \varphi_\pi E\widehat{\pi}_t + \varphi_q \widehat{q}_t + \varepsilon_t^u \tag{4-23}$$

式（4－17）表明中央银行货币供给关注当期的通货膨胀，式（4－23）体现了货币政策关注预期通货膨胀。三个时间段回归结果如表4－11 所示。

表 4－11　　　　分段回归的数量型货币政策规则各系数值

时间段	ρ_u	φ_π	φ_q	R^2	DW
1996M01～2005M07	0.46* (6.47)	－0.54** (－2.65)	－0.53** (－2.72)	0.43	2.03
2005M08～2015M12	0.82* (13.67)	－0.29** (－2.73)	－0.13** (－1.75)	0.70	1.95
1996M01～2015M12	0.68* (15.03)	－0.26** (－2.66)	－0.09*** (－1.88)	0.52	2.04

注：括号内为参数估计的 t 统计量值，*、** 和 *** 分别代表 1%、5% 和 10% 的显著性水平。

从统计角度来看，各个系数均在 5% 显著性水平下不等于 0，除了整体阶段回归的结果 $\varphi_q = -0.09$ 在 10% 的显著性水平下不等于 0，这也说明了，利用 2005 年之后的月度数据进行实证是非常有必要的。R^2 显示方程整体拟合效果较好，DW 值在 2 附近表明方程不存在误差序列自相关性。可以看出用月度数据回归结果显示我国的数量型货币政策呈现如下特点：（1）我国的货币供给主要调控当期通货膨胀和汇率变化，而没有对产出缺口作出响应。该结论与李雪松、王秀丽（2011）类似。（2）第二阶段的货币政策关注通货膨胀的系数为 －0.29，明显小于第一阶段的 －0.54；这说明第二阶段我国的货币供给在调控通货膨胀方面的力度小于第一阶段，主要原因是第二阶段我国发生通货膨胀的频率和幅度均小于第一阶段，这也说明了我国数量型货币政策在第二阶段调控通货膨胀的有效性明显增强。（3）第二阶段 2005M08～2015M12 的 φ_q 为 －0.13，比第一阶段对应的 －0.53 绝对值小，主要原因是我国 1996～2005 年实施的是单一的钉住美元的固定汇率制度，为了稳定汇率采用了冲销的手段，货币对于汇率的关注程度较高；而后一阶段我国开始了实质的汇率市场化改革，汇率波动幅度逐步增大，货币政策对于汇率波动的关注程度也有所降低。这也体现出本书设定随着汇率市场化改革的逐步深入，货币政策关注汇率波动的程度将逐步减小。

2. 价格型工具的分段回归。同上，对价格型货币政策规则进行回归，回归过程中式（4－20）并不能从统计角度拟合这三个时间段的价格型货币政策规则，最合适的货币政策拟合方程为：

$$\widehat{R}_t = \rho_R \widehat{R}_{t-1} + \rho_\pi E\widehat{\pi}_t + \rho_q \widehat{q}_{t-1} + \varepsilon_t^u \qquad (4-24)$$

在式（4－24）中，产出缺口前面的系数未能通过显著性水平为10%的检验，这一点与卞志村（2006）、中国人民银行营业管理部课题组（2009）等大多数研究估计得到的结论较为一致。三个时间段回归结果如表4－12所示。

表4－12　　分段回归的价格型货币政策规则各系数值

时间段	ρ_R	ρ_π	ρ_q	R^2	DW
1996M01～2005M07	0.81* (15.1)	0.47** (1.96)	0.04 (1.01)	0.72	2.1
2005M08～2015M12	0.45* (10.7)	0.85** (3.24)	0.1** (2.13)	0.45	2.03
1996M01～2015M12	0.58* (10.7)	0.66** (2.6)	0.07** (2.15)	0.45	2.03

注：括号内为参数估计的t统计量值，*、**和***分别代表1%、5%和10%的显著性水平。

由表4－12可知，1996M01～2005M07时间段的ρ_q为0.04在10%显著性水平下都没有通过显著性检验，意味着在此时间段内我国的利率调控没有考虑到实际汇率的波动，主要是因为此时间段内我国的汇率稳定政策工具主要是依靠货币冲销。而在汇率市场化真正启动改革的时间段2005M08～2015M12利率对通货膨胀的关注程度提升，对实际汇率的变动开始有了响应；说明汇率市场化改革真正启动之后，我国的货币和利率都对汇率稳定起到了重要的作用；而用整个时间段样本进行回归时，各个系数均通过显著性检验，各个系数的符号也符合经济学含义。

3. 月度数据回归稳健性分析。由于我国本质上的汇率市场化改革起始于2005年8月，因此以后一个阶段2005M08～2015M12的数据回归结果代入DSGE框架进行反事实模拟，并与前面的季度数据模拟进行比较，说明结论的稳健性。为了更好地区分效果，数量型下设置参数$\varphi_q=-0.2$，-0.1，0进行比较分析；而在价格型下设置参数$\rho_q=0.2$，0.1，0。伴随着汇率市场化的逐步推进，系数φ_q和ρ_q绝对值将逐步减小，各种情况模拟得到图4－10、图4－11和表4－13。

图4－10表明，随着汇率市场化的逐步推进，货币供给和利率调控通货膨胀和产出的初始效应明显增强，这说明汇率市场化改革提升了两种类型的

货币政策的调控能力。图 4－11 显示，汇率市场化改革进程中，国内数量型货币政策与国外货币政策的相关系数增强，即独立性减弱；无论是数量型还是价格型货币政策，汇率市场化和资本账户协调推进都能够较大程度地增强货币政策的独立性。表 4－13 结论与季度数据模拟的结果一致。

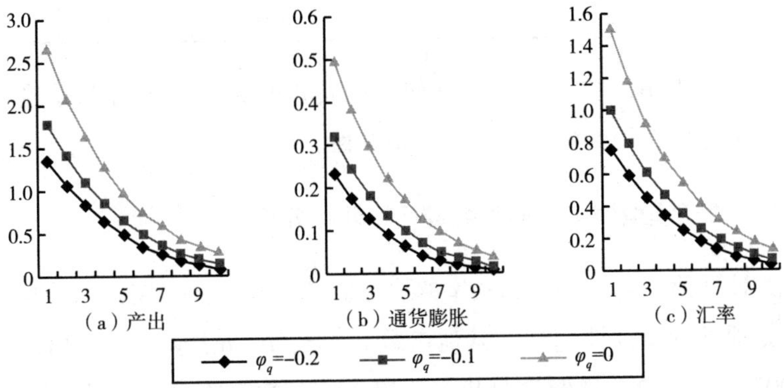

图 4－10　汇率市场化改革对货币供给调控产出、通货膨胀和汇率的影响

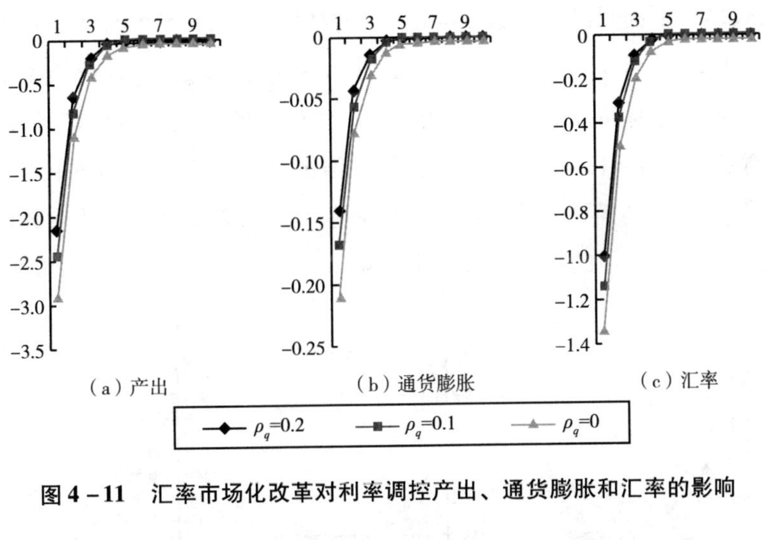

图 4－11　汇率市场化改革对利率调控产出、通货膨胀和汇率的影响

表 4－13　　汇改进程中我国货币政策与国外货币政策的相关系数绝对值

资本管制程度	货币供给政策			利率调控政策		
	$\varphi_q = -0.2$	$\varphi_q = -0.1$	$\varphi_q = 0$	$\rho_q = 0.2$	$\rho_q = 0.1$	$\rho_q = 0$
$\omega = 0.6$	0.0852	0.137	0.2343	0.8227	0.7856	0.7711
$\omega = 0.7$	0.0752	0.1323	0.2308	0.7770	0.7451	0.7252

续表

资本管制程度	货币供给政策			利率调控政策		
	$\varphi_q=-0.2$	$\varphi_q=-0.1$	$\varphi_q=0$	$\rho_q=0.2$	$\rho_q=0.1$	$\rho_q=0$
$\omega=0.8$	0.0612	0.1262	0.2265	0.7344	0.7057	0.6770
$\omega=0.9$	0.040	0.1178	0.2208	0.6949	0.6679	0.6410
$\omega=1$	0.005	0.1055	0.2132	0.6621	0.6355	0.6071

以上结论表明，即使月度数据使用的货币政策规则方程与季度数据不同，带入模型框架得到的结论仍具有稳健性。

（二）改变模型框架中的参数进行稳健性分析

初始校准值中通货膨胀和利率的稳态值均是基于样本期内的平均数计算得到，无须进行稳健性测试。其他参数 σ、φ、ν、α、γ、ρ、η 均借鉴李浩等（2007）进行参数稳健性分析，假定上述参数在本书校准值的（-5%，5%）区间内变化，分析这种变动对模型模拟结果是否产生显著的影响。由于参数较多，下面只给出参数 $\sigma=1.425$ 的结果，$\sigma=1.575$ 的结果省略（原模型 $\sigma=1.5$）。当 $\sigma=1.425$ 时，数量型下参数 ρ_u、φ_π、φ_q，价格型下参数 ρ_R、ρ_π、ρ_q 按照时间段 2005M8 ~ 2015M12 估计的值代入模型框架进行模拟，如图 4-12、图 4-13 和表 4-14 所示，结果仍显示无论是 $\sigma=1.425$ 还是 $\sigma=1.575$，得到的模拟结论与 $\sigma=1.5$ 保持一致，这说明改变其参数值不影响结论可靠性，其他的参数模拟结果省略。

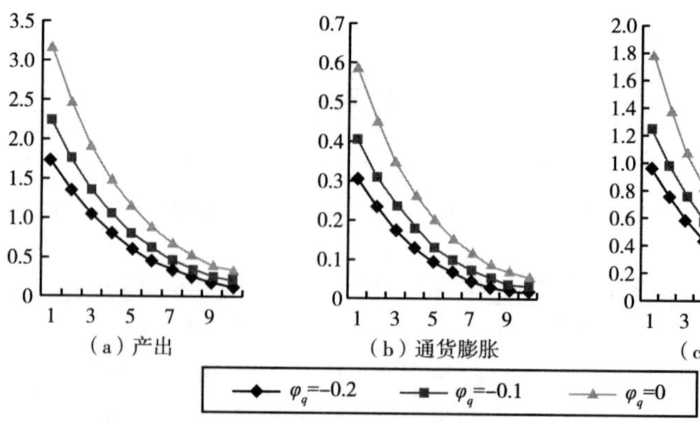

图 4-12　汇率市场化改革对货币供给调控产出、通货膨胀和汇率的影响

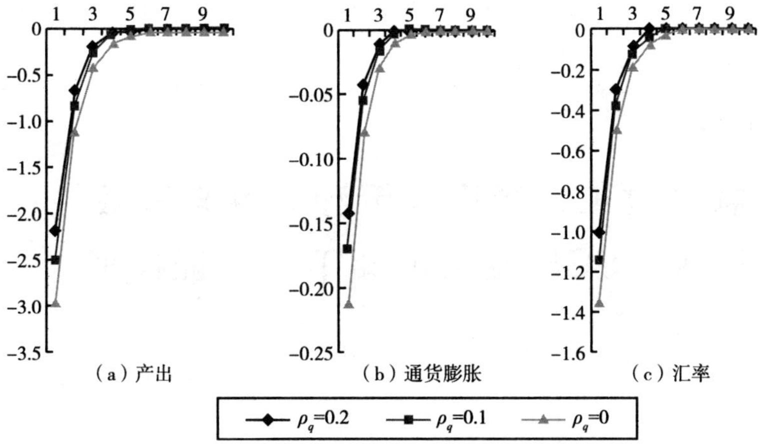

图 4-13　汇率市场化改革对利率调控产出、通货膨胀和汇率的影响

表 4-14　汇改进程中我国货币政策与国外货币政策的相关系数绝对值

资本管制程度	货币供给政策			利率调控政策		
	$\varphi_q=-0.2$	$\varphi_q=-0.1$	$\varphi_q=0$	$\rho_q=0.2$	$\rho_q=0.1$	$\rho_q=0$
$\omega=0.6$	0.0826	0.1418	0.2589	0.8214	0.7826	0.7677
$\omega=0.7$	0.0717	0.1362	0.2535	0.7747	0.7414	0.7211
$\omega=0.8$	0.0564	0.1288	0.2467	0.7313	0.7041	0.6770
$\omega=0.9$	0.0332	0.1186	0.2378	0.6913	0.6631	0.6358
$\omega=1$	0.0052	0.1037	0.2259	0.6582	0.6303	0.6016

| 第五章 |

汇率制度改革、货币政策独立性与有效性：外汇干预 DSGE 政策框架下的实证模拟

1998 年亚洲金融危机说明固定汇率制下易导致中央银行货币政策丧失独立性，降低经济体抵御风险的能力，这与经典的三元悖论完全吻合。由此带来的启示是我国应实施汇率市场化改革，扩大汇率弹性，增加经济体稳定性。然而 2008 年全球金融危机的教训是，即使一国实施富有弹性的汇率制度，该国的货币政策仍可能失去独立性，经济体受到国际资本冲击仍可能爆发危机，这即为二元悖论。那么到底我国该选择何种汇率制度，才能有效地发挥货币政策效果，提升经济体抵御外部冲击的能力？本章研究对于制定和完善汇率管理政策具有重要的理论和现实意义。

本章构建外汇储备稳定汇率、利率调控通货膨胀的微观双目标双工具政策 DSGE 框架，并融入资产管制和外汇管理汇率特征，研究我国汇率制度选择与货币政策效应、经济波动的关系。具体解决以下三个问题：（1）单工具 M - F 框架与双目标双工具政策框架下，汇率制度改革对货币政策独立性和有效性的影响有何不同？（2）双目标双工具政策传导机制与传统的单工具政策有何区别？（3）面对国际危机，双目标双工具政策是否存在有效抵御外部冲击、缓解经济波动的优势？又存在哪些缺陷？

与已有文献相比，本章的贡献在于：第一，构建的双目标双工具政策框架具有新兴市场国家特点——外汇储备干预汇率、利率调控通货膨胀。现有的新凯恩斯框架通常用利率工具来实现汇率稳定，而新兴市场国家中央银行管理汇率的主要手段是外汇市场干预，而非通过利率调整影响汇率。第二，在模型中引入了中央银行的资产负债表，国际冲击可以通过资产负债表效应影响国内产

出等变量。现有研究多从利率平价渠道和国际贸易渠道研究，而对资产负债表渠道的研究较少。第三，为我国“多目标多工具”政策研究提供了一个很好的基础框架。2008 年全球金融危机及其余波迫使政策制定者重新思考宏观经济政策。其中一个重要的主题是中央银行不得不从以单一目标和单一工具（通货膨胀目标制）为基础的方式转向多目标和多工具的选择（Ostry et al.，2012）。

第一节　我国外汇干预政策典型事实分析

一、政策实施情况

事实上，许多新兴国家甚至包括发达国家都使用外汇干预来稳定汇率，“浮动恐惧”的现象依然存在，瑞典和日本就曾在 2009 年和 2010 年进行大规模外汇干预稳定汇率。我国在 1994 年汇率并轨后，经常项目顺差与外商直接投资迅速增加，汇率面临巨大的升值压力，就开启了用外汇干预来稳定汇率的政策。如表 5－1 所示，1998 年亚洲金融危机引起人民币的贬值，我国采取减少外汇储备的干预政策。2001 年后，我国出口和外商直接投资又出现高速增长，国际收支持续保持顺差，外汇干预更加频繁，冲销工具也逐渐增多。

表 5－1　　1996～2022 年相关数据

年份	产出增长率（%）	通货膨胀率（CPI 增长率）（%）	利率（%）	汇率	净出口增长率（%）	外汇储备增长率（%）	美国利率（%）
1996	10.1	8.3	8.77	8.31	－26.85	42.71	5.30
1997	9.6	2.8	7.02	8.28	232.77	33.19	5.46
1998	7.3	－0.8	4.75	8.27	6.59	3.62	5.35
1999	8.0	－1.4	2.63	8.27	－44.59	6.70	4.97
2000	8.6	0.4	2.25	8.27	0.50	7.05	6.24
2001	8.1	0.7	2.25	8.27	－4.36	28.14	3.89
2002	9.6	－0.8	1.98	8.27	31.39	34.99	1.67
2003	10.5	1.2	1.98	8.27	－16.36	40.80	1.13
2004	10.5	3.9	2.05	8.27	29.41	51.25	1.35

续表

年份	产出增长率（%）	通货膨胀率（CPI增长率）（%）	利率（%）	汇率	净出口增长率（%）	外汇储备增长率（%）	美国利率（%）
2005	10.9	1.8	2.25	8.19	209.90	34.26	3.21
2006	13.3	1.5	2.32	7.97	74.52	30.22	4.96
2007	14.7	4.8	3.20	7.60	47.46	43.32	5.02
2008	10.1	5.9	4.08	6.94	13.38	27.34	1.93
2009	8.5	-0.7	2.25	6.83	-33.27	23.28	0.16
2010	10.3	3.3	2.30	6.76	-6.87	18.68	0.17
2011	9.0	5.4	3.27	6.45	-14.45	11.72	0.10
2012	8.6	2.6	3.12	6.31	47.42	4.10	0.14
2013	7.1	2.6	3.00	6.19	11.30	15.39	0.11
2014	8.3	2.0	2.97	6.14	47.89	0.57	0.09
2015	6.4	1.4	2.00	6.22	55.04	-13.34	0.13
2016	6.7	2.0	1.50	6.64	-14.18	-9.60	0.40
2017	7.1	1.6	1.50	6.75	-17.69	4.30	1.08
2018	6.3	2.1	1.50	6.61	-16.35	-2.14	2.25
2019	7.5	2.9	1.50	6.90	25.26	1.15	1.5
2020	2.2	2.5	1.50	6.90	24.80	3.49	1.5
2021	13.3	1.0	1.50	6.45	20.12	1.05	2.25
2022	5.1	2.0	1.50	6.73	28.95	-3.77	4.25

资料来源：中国经济数据根据中经网统计数据库整理获得，美国经济数据来自美国劳工统计局网站。

1. 货币政策实践方面。国内利率始终是以稳定增长和通货膨胀为目标，动态调整。亚洲金融危机后的1999~2001年，经济增长率由10%下降到8%左右；高通货膨胀演变为通货紧缩，1999年紧缩最严重。面对此经济形势，中央银行存款利率从1997年7.02%下降到2000年2.25%。2007~2008年，由于房地产、股市带动的高通货膨胀为近年之最，国内产出增长率达到最高值14.7%。过热经济下，中央银行利率在2008年达到最高值4.08%。面对全球金融危机，政府采取的"四万亿"刺激政策效果逐渐显现，导致2011年的通货膨胀率高达5.4%，中央银行存款年利率超过3%。2015年以来，我国经济开始进入中高速增长阶段，通货膨胀率也一直保持平稳，中央银行的利率因此平稳且处于较低值。

2. 外汇政策方面。外汇储备高增长，1998 年亚洲金融危机后，我国的净出口增长率下降，伴随的是外汇储备下降。2001 年经济开始复苏，出口增加导致外汇储备急剧增长。2008 年金融危机后，中国的利率一直高于美国利率，跨境资本大量流入我国，导致人民币产生巨大升值压力。从数据角度来看，当时的国外经济萎靡，国内净出口增长率在 2009 ~ 2011 年均出现负增长，但是我国的外汇储备却保持了 10% 以上的增长。主要原因是中央银行为维护汇率稳定，外汇储备在 2008 ~ 2019 年均保持 10% 以上的增长。因此，我国外汇储备变化的原因主要是净出口的变化、跨境资本的流动以及稳定汇率的需要。随着近年来美国加息及其经济复苏，跨境资本大量流出我国，导致人民币出现贬值，2015 ~ 2017 年的汇率值就充分说明了该点。同时，美国的贸易制裁也使国内净出口出现下降，这些都导致人民币贬值。巨大的压力下，外汇储备在 2015 年和 2016 年甚至下降了 10% 左右。这种下降在一定程度上包含了中央银行为稳定汇率而主动调整外汇储备的结果。因此，保外汇还是保汇率是当时最具争议的议题之一。

长期以来我国存款利率按照经济的发展形势逆周期对产出和通货膨胀进行调控；采用外汇储备来稳定汇率。在中国经济持续高增长、对外贸易持续逆差条件下，正是大规模的冲销干预，保证了汇率的稳定。2005 年“汇改”后，我国经济的开放度和贸易额扩大，更是增强了人民币升值压力，与此同时中央银行的冲销干预强度更大。2008 年金融危机引起中国与世界经济衰退，造成国外需求下降，我国出口减少，导致人民币贬值。随着近年来我国宏观经济的复苏与企稳，前期经济改革的政策取得了积极的效果，境外机构持有人民币金融资产创历史新高，人民币又表现出升值压力。在当前我国金融体系不够完善下，外汇干预具有非常重要的政策意义。可以发现我国的外汇干预实践具有以下典型特征：外汇冲销比率高，平均冲销率接近 100%；中央银行通过冲销逆风向干预人民币汇率；人民币升值时买入外汇，但也带来了通货膨胀。

二、政策效果分析

下面进一步使用向量自回归 VAR 分析方法证实以上的典型事实。同时

VAR 分析也为后面我国双目标双工具 DSGE 框架的构建提供基础。下面采用包含上述 7 个变量的 VAR 模型，分析货币政策与外汇政策的特征。采用季度数据，样本期为 1996Q1 ~ 2022Q4。首先对各变量进行单位根检验发现数据不平稳，采用一阶差分后数据检验结果显示数据平稳；然后根据 AIC 和 SIC 最小化准则确定最优滞后阶数为 2。对模型进行单位根检验确定模型平稳后，利用脉冲响应方法得到各变量冲击的脉冲图。

如图 5 - 1 所示，三列图分别表示国内利率冲击、国外利率冲击和外汇储备冲击对产出、通货膨胀和汇率的影响。其中变量 *Y*、*PAI*、*R*、*F*、*RF*、*S* 分别表示国内产出、通货膨胀、利率、外汇储备、国外利率、汇率。由图 5 - 1 可知，提升国内存款利率会引起国内产出、通货膨胀迅速下滑直到第 5 期后再逐步上升，这说明国内存款利率的政策具有逆周期调节经济的效果，且持续的时间较长；还发现国内存款利率上升引起人民币先升值到第 8 期后开始贬值，这主要是因为其影响汇率的机制复杂，正负向综合作用的结果。

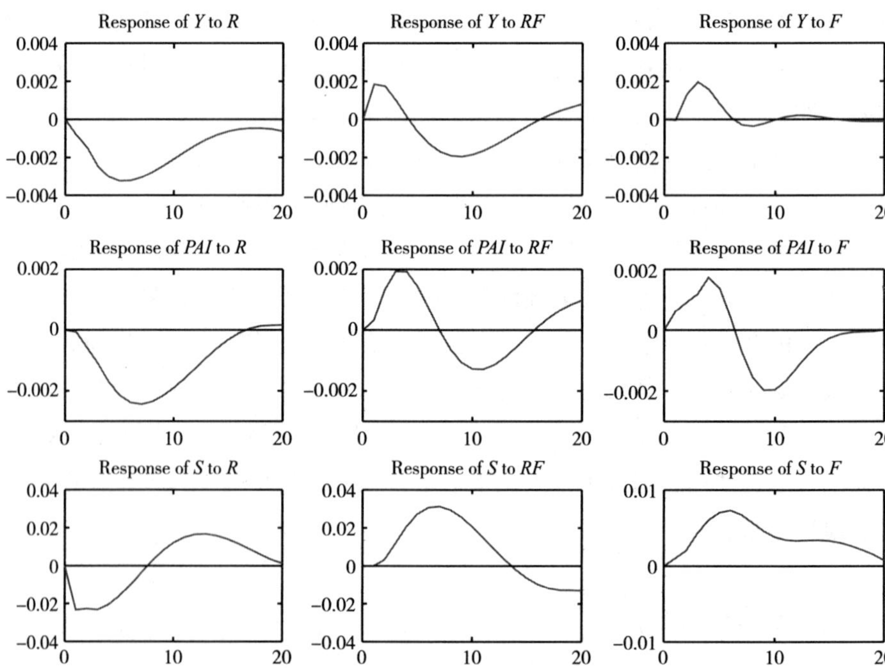

图 5 - 1　三个冲击的脉冲响应

第二节　我国外汇干预 DSGE 框架构建

下面在经典文献奥布斯特费尔德和罗格夫（Obstfeld & Rogof，1995）、加利和莫纳切利（Galí & Monacelli，2005）基础上，考虑我国汇率不完全冲销、资本管制等符合我国的经济特征，构建双目标双工具 DSGE 政策框架。在建模之前，提供一个简单的部门资产负债情况（见表 5－2），各部门的左边为资产，右边为其负债。

表 5－2　　模型各经济主体资产负债情况

中央银行		家庭	
F	B	B	B^*
	M	M	
		NS	

中央银行持有外汇储备（F）为资产，发行债券（B）和货币（M）为负债。家庭资产项为其购买的国内债券（B）和持有的货币（M），还包括企业的利润和自身的工资之和（NS），负债项为其发行的国外债券（B^*）。中央银行通过外汇市场干预影响汇率并积累外汇储备，为了保持资产负债表的平衡，中央银行必须同时发行货币或者债券。

假设世界经济由本国与外国经济体构成。中央银行实施汇率政策和货币政策；居民在一定约束条件下，选择合适的消费、劳动力供给、国内外债券与货币持有量来实现自身效用最大化；厂商由最终品厂商和中间品厂商构成，中间品厂商处于垄断竞争状态，将其产品出售给最终品厂商。最终品厂商处于完全竞争状态，利用中间品加工成最终产品，提供给国内外居民消费。下面给出本国经济体的行为决策，外国经济体类似。

一、框架构建

（一）中央银行的双目标双工具政策行为

不同于现有大多研究使用扩展型泰勒规则来测度开放经济下的货币政

策，使用利率调控通货膨胀和汇率。此处设置汇率政策规则为：外汇储备项的变动除了受到当期进口和出口的影响，还与当期中央银行使用外汇储备调控量有关，因此：

$$\widehat{F}_t = \widehat{F}_{t-1} - \kappa_1 \widehat{Q}_t - \kappa_2 (\widehat{Q}_t - \widehat{Q}_{t-1}) + \chi_1 \widehat{C}^*_{H,t} - \chi_2 \widehat{C}_{F,t} + \varepsilon^F_t \tag{5-1}$$

其中，F 为外汇储备，Q 为直接标价法名义汇率，ε^F_t 为外汇储备冲击。带帽变量表示该变量偏离其稳态的波动。

式（5-1）表明，若 $\kappa_1 \to \infty$，中央银行迅速调整外汇储备来保持汇率达到目标值，即固定汇率目标制度；$\kappa_2 > 0$ 表示中央银行采取逆风向的外汇管理浮动汇率制度。若 $\kappa_1 = 0$，$\kappa_2 = 0$ 则表示完全浮动的汇率制度。显然 $\kappa_1 \to \infty$ 对应我国 2005 年之前的固定汇率制度；而 $\kappa_2 > 0$ 对应近年来我国实施的管理浮动汇率制度。

为分析双工具政策与单工具政策差异，假定中央银行还可以通过利率干预汇率，具体规则为：

$$\widehat{R}_t = \rho_R \widehat{R}_{t-1} + (1-\rho_R)[\rho_\pi E\widehat{\pi}_{t+1} + \rho_y \widehat{y}_t + \zeta \widehat{Q}_t + \psi(\widehat{Q}_t - \widehat{Q}_{t-1})] + \varepsilon^R_t \tag{5-2}$$

其中，$\widehat{\pi}$，$\widehat{y}$ 分别表示通货膨胀和产出的波动。

（二）基于风险溢价的居民行为决策

国内代表性居民的期望效用函数选择 MIU 形式：

$$\max: E_0 \sum_{t=0}^{\infty} \beta^t \left[\frac{C_t^{1-\sigma}}{1-\sigma} + \frac{(M_t/P_t)^{1-v}}{1-v} - \frac{N_t^{1+\varphi}}{1+\varphi} \right] \tag{5-3}$$

其中，β 为贴现因子，C_t、N_t 分别表示居民 t 期选择的消费与提供的劳动力数量，M_t/P_t 表示 t 期末居民持有的实际货币余额。参数 σ、v、φ 分别反映了消费的跨期替代弹性、货币需求的利率弹性、劳动供给的工资弹性。

国内居民消费品篮子由国内商品和国外商品构成：

$$C_t = \left[\alpha^{\frac{1}{\eta}} (C_{H,t})^{\frac{\eta-1}{\eta}} + (1-\alpha)^{\frac{1}{\eta}} (C_{F,t})^{\frac{\eta-1}{\eta}} \right]^{\frac{\eta}{\eta-1}} \tag{5-4}$$

其中，$C_{H,t}$ 和 $C_{F,t}$ 分别表示居民对国内商品的消费和国外商品的消费，$1-\alpha$ 表示进口产品的比值，参数 $\eta > 0$ 表示国内产品与国外产品的替代弹性。

近年来，我国外汇储备的持续大幅度增长标志着我国对外支付能力和调节国际收支能力的增强，保证了国内经济的合理增长，但是巨额外汇储备的保有是有成本的。我国作为一个发展中国家，从海外筹措资金要被强加风险溢价，支付高昂利息。因此，本书在居民的预算约束中加入风险溢价。居民的预算约束条件为：

$$P_tC_t + B_t + M_t + R_{t-1}^*B_{t-1}^*Q_{t-1}\Omega_{t-1} = R_{t-1}B_{t-1} + W_tN_t + M_{t-1} + B_t^*Q_t \tag{5-5}$$

其中，B_t、B_t^*、W_t、R_t 分别表示居民 t 期持有的国内债券量、国外债券量、名义工资以及名义利率。Ω 表示国内资产风险溢价函数，可以理解为本国居民从国外筹资需要支付的高额利息。居民选择合适的消费、国内外债券、劳动供给和持有货币实现效用最大化，得到：

$$C_t^{\sigma}N_t^{\varphi} = \frac{W_t}{P_t} \tag{5-6}$$

$$\left(\frac{M_t}{P_t}\right)^{-v}C_t^{\sigma} = \frac{R_t - 1}{R_t} \tag{5-7}$$

$$\beta R_t\left(\frac{C_{t+1}}{C_t}\right)^{-\sigma}\frac{P_t}{P_{t+1}} = 1 \tag{5-8}$$

$$R_t = R_t^*\frac{Q_{t+1}}{Q_t}\Omega_t \tag{5-9}$$

式（5-9）为包含风险溢价的利率平价定律，表明预期汇率的变化不仅与国内外利差相关，还与国内资产的风险溢价相关，即汇率的资产组合平衡渠道。式（5-9）左边可理解为持有国内资产的收益率，因此该式也表明若国内资产的风险溢价上升，则为了补偿投资者承担国内资产的风险，需要给予他们更高的收益予以补偿。式（5-9）是在资本自由流动下导出，然而现实中我国资本受到管制。因而，参考陈雨露（1999）、蒋先玲（2015）和王爱俭（2016）的研究思路，融入资本管制因素描述资本流动的情况，式（5-9）可进一步修改为考虑风险溢价与资本管制（τ）的无抛补利率平价：

$$R_t = \left(R_t^* \frac{Q_{t+1}}{Q_t}\right)^{\tau} \Omega_t \tag{5-10}$$

塞斯佩德斯等（Cespedes et al.，2004）、加西亚等（Garcia et al.，2011）认为风险溢价函数 Ω_t 与一国外债占产出成正比、与出口成反比、与进口成正比。由于风险溢价无计量单位，因此本书设定风险溢价函数形式如下：

$$\Omega_t = \left(\frac{B_t^*}{Y_t}\right)^{\phi_1} \left(\frac{C_{F,t}}{C_{H,t}^*}\right)^{\phi_2} \tag{5-11}$$

其中，$\frac{B_t^*}{Y_t}$、$C_{F,t}$、$C_{H,t}^*$分别表示一国外债占产出的比例、进口额和出口额。

式（5-10）和式（5-11）共同构成外汇储备干预汇率的资产组合平衡渠道的核心。为抑制人民币升值，需要增加外汇储备，而外汇储备的增加通过中央银行资产负债渠道必然会引起我国外债的增加。外债增加引起本币资产的风险溢价上升，会减小国内资产的持有比例而增加国外资产的比例，造成国外货币价值上升，人民币贬值。桂咏评（2008）论证了我国存在汇率传递的资产组合平衡渠道。

（三）厂商行为

1. 最终品厂商行为。代表性最终品厂商 i 使用中间品生产差别化的最终产品，假定最终品生产函数为 Dixit-Stiglitz 加总。在成本最小化目标下得到最终产品价格和中间产品价格的关系为：

$$P_{H,t} = \left[\int_0^1 P_{H,t}^{1-\eta}(i)\,\mathrm{d}i\right]^{1/(1-\eta)} \tag{5-12}$$

对任意产品 j 的需求为：

$$Y_{H,t}(j) = \left[\frac{P_{H,t}(j)}{P_t}\right]^{-\eta} C_t \tag{5-13}$$

2. 中间品厂商行为。中间品厂商处在垄断竞争市场，厂商生产函数形式设定为：

$$Y_t(i) = Z_t N_t(i)^{\gamma} \tag{5-14}$$

中间品厂商在总成本最小化目标下，得到厂商的实际边际成本为：

$$mc_t = \frac{1}{\gamma}\omega_t g_t Y_t^{\frac{1-\gamma}{\gamma}} Z_t^{-\frac{1}{\gamma}} \tag{5-15}$$

其中，$g_t \equiv \frac{P_t}{P_{H,t}} = [\alpha + (1-\alpha)s_t^{1-\eta}]^{1/(1-\eta)}$ 表示本国的价格指数。s_t 为贸易条件 $\frac{P_{F,t}}{P_{H,t}} = \frac{P_{F,t}^*}{P_{H,t}^*}$，实际汇率为 $q_t = \frac{Q_t P_t^*}{P_t}$。厂商定价机制参考卡尔沃（Calvo，1983），假定不是所有的厂商都在同一时刻调整自己的价格，每一时刻有 $1-\rho$ 比例的厂商能够优化自己的价格水平。中间品厂商追求利润最大化，得到菲利普斯曲线：

$$\log\left(\frac{\pi_t}{\pi_{ss}}\right) = \beta E_t \log\left(\frac{\pi_{t+1}}{\pi_{ss}}\right) + \frac{(1-\rho)(1-\beta\rho)}{\rho}\log\left(\frac{mc_t}{mc_{ss}}\right) \tag{5-16}$$

（四）市场均衡

国内产出应当等于国内居民的消费产品与国外居民消费的国内产品加总：

$$Y_t = \left(\frac{P_{H,t}}{P_t}\right)^{-\eta}(\alpha C_t + \alpha_F C_{F,t}) \tag{5-17}$$

同理，国外产品市场也有类似的等式：

$$Y_t^* = \left(\frac{P_{F,t}^*}{P_t^*}\right)^{-\eta}[(1-\alpha)C_t + (1-\alpha_F)C_{Ft}] \tag{5-18}$$

其中，P_t^* 和 $P_{F,t}^*$ 分别表示国外商品的国内价格、国外商品的国外价格。

国际收支平衡：

$$F - F_{-1}\frac{Q}{Q_{-1}} = B^* - B_{-1}^*\frac{Q}{Q_{-1}} + P_H^* C_H^* - P_F C_F + F_{-1}R_{-1}^*\frac{Q}{Q_{-1}} - B_{-1}^* R_{-1}^*\frac{Q}{Q_{-1}}\Omega \tag{5-19}$$

式（5－19）表明，中央银行外汇储备的变化 $\left(F - F_{-1}\frac{Q}{Q_{-1}}\right)$ 等于资本项目余额 $\left(B^{*} - B_{-1}^{*}\frac{Q}{Q_{-1}}\right)$ 与经常项目余额 $\left(P_{H}^{*}C_{H}^{*} - P_{F}C_{F} + F_{-1}R_{-1}^{*}\frac{Q}{Q_{-1}} - B_{-1}^{*}R_{-1}^{*}\frac{Q}{Q_{-1}}\Omega\right)$之和。

（五）外部冲击

为解决本书提出的第一个问题即利用该框架解释我国的双目标双工具政策的有效性事实，需要考虑外汇储备冲击、国内利率冲击。由于汇率变动通过国际资本和国际贸易渠道影响国内经济，为解决第二个问题即关注双目标双工具政策面对国际资本和国际贸易冲击的表现，选择国外利率冲击和贸易条件冲击分别表示国际资本和国际贸易冲击。另外为了能够利用我国数据对模型中的关键参数进行贝叶斯估计，补充国外通货膨胀冲击。模型中包含5大冲击，设定各冲击服从一阶自回归过程。

二、模型参数校准与贝叶斯估计

按照待校准参数的类型划分，主要涉及内生变量的稳态值、结构性参数和外生冲击参数。变量的稳态值是采用较长时期的样本内1996Q1～2022Q4的平均值替代，部分结构性参数利用相关研究成果获得。对于其他结构参数和外生冲击方程的参数则运用贝叶斯估计，结果如表5－3所示。

表5－3　　各参数校准值

参数	含义	校准值	参考来源
$\overline{R}$	国内利率稳态值	1.035	样本均值
β	居民的贴现率	0.967	$\beta = 1/\overline{R}$
σ	消费的跨期替代弹性倒数	1.5	王彬（2010）
v	真实货币需求对利率的弹性倒数	2	张卫平（2012）
φ	劳动供给对真实工资的弹性倒数	1	刘斌（2008）
α	本国消费品在篮子中的比重	0.80	张卫平（2012）

续表

参数	含义	校准值	参考来源
η	国内产品与国外产品的替代弹性	0.6	刘斌（2008）
γ	劳动份额	0.5	李成等（2010）
α_F	本国消费品在国外篮子中的比重	0.25	张卫平（2012）
ρ	不能调整价格的厂商比重	0.75	刘斌（2008）
τ	我国资本管制程度	0.6	雷达、赵勇（2008）

另外，部分变量的稳态值如下：稳态产出设为1，总消费稳态值校准为0.51（占产出比例），其中包括本国消费品0.41和进口消费品0.10；稳态时出口为0.21，进口为0.20，其中包括进口消费品0.10和进口投资品0.10；稳态贸易余额校准为0.01。设定稳态时各种价格稳态值为1，因此通货膨胀指数与汇率也为1；设定外汇储备与国内净债务稳态值为1。另外，以样本期平均冲销率0.9计算出中央银行发行债券稳态值 $\bar{b} = 0.9 \cdot \bar{f} = 0.9$，国外稳态利率取美国样本期均值1.01。

动态参数包括泰勒规则和外汇干预方程中的各个系数，以及两个冲击的标准差。与之对应需要使用的估计数据为外汇储备、同业拆借利率、GDP、通货膨胀、直接标价法汇率。数据来自国家统计局和中国人民银行货币政策司网站。为得到实际外汇储备和实际 GDP，需要对通货膨胀率数据进行定基处理，基期为1995年12月。需要说明的是，除利率外，其他数据均经过对数然后 hp 滤波得到波动数据代入模型中进行估计，产出数据还要进行季节性处理。先验分布设置如下：参数值在0～1的值先验分布为 beta 分布，参数值大于0小于无穷大的值先验分布为 Gamma 分布，冲击标准差服从逆伽马（InvG）分布。货币政策方程的先验分布均值参考刘斌（2008）设定，而风险溢价和外汇储备方程的参数先验分布是采用回归分析方法得到，具体进行如表5－4所示的设置。

表5－4　　模型参数贝叶斯估计结果

参数	参数含义	先验分布	后验均值	90%后验区间
ρ_R	国内利率平滑系数	Beta［0.5，0.1］	0.83	［0.78　0.88］
ρ_π	泰勒规则利率对通货膨胀响应系数	Gamma［1.5，0.1］	1.42	［1.27　1.58］

续表

参数	参数含义	先验分布	后验均值	90%后验区间
ρ_y	泰勒规则利率对产出响应系数	Gamma [0.5, 0.1]	0.59	[0.45 0.72]
ϕ_1	风险溢价对国外债务的响应系数	Gamma [0.5, 0.1]	1.28	[1.18 1.41]
ϕ_2	风险溢价对净出口的响应系数	Gamma [0.5, 0.1]	0.57	[0.43 0.72]
κ_1	外汇储备对汇率稳定干预系数	Gamma [0.5, 0.1]	0.33	[0.24 0.43]
κ_2	外汇储备对汇率波动干预系数	Gamma [0.5, 0.1]	0.24	[0.17 0.30]
χ_1	国内出口对外汇储备的影响	Gamma [0.5, 0.1]	1.25	[1.12 1.38]
χ_2	国内进口对外汇储备的影响	Gamma [0.5, 0.1]	0.26	[0.14 0.37]
σ_R	国内利率冲击标准差	Γ^{-1} (0.01, ∞)	0.0068	[0.0059 0.0078]
σ_{Rf}	国外利率冲击标准差	Γ^{-1} (0.01, ∞)	0.085	[0.0713 0.0970]
σ_s	外贸条件冲击标准差	Γ^{-1} (0.01, ∞)	0.167	[0.146 0.187]
σ_f	外汇储备冲击标准差	Γ^{-1} (0.01, ∞)	0.072	[0.062 0.081]

模型估计结果显示，我国利率调整具有较强的惯性（$\rho_i = 0.83$）；利率对通货膨胀和产出的响应系数分别为0.24和0.10，对产出缺口的系数小于1。这表明相对经济增长，我国的利率调控更为重视物价水平的稳定，该结论与谢平和罗雄（2002）以及陆军和钟丹（2003）等的研究结果一致。外汇储备在稳定汇率目标水平和汇率波动方面的系数分别为0.33和0.24，表明中央银行在汇率市场化改革进程中关注汇率的目标和汇率的波动，并且对汇率偏离稳态值的关注程度较高。

图5-2（a）为多变量诊断图，横轴代表蒙特卡洛模拟次数，纵轴代表各估计变量对应的一阶矩、二阶矩和三阶矩，该图用来反映估计的稳健性。可以看出随着模拟次数的增加，两条线重合，表明估计的结果是稳健的，度量指标相对稳定。图5-2（b）是各个估计参数的先验分布和后验分布，用来反映估计参数是否有效（未全部列出）。图5-2显示，参数估计的后验分布图表现较为光滑，大部分参数的后验分布与先验分布不是太近，说明贝叶斯估计中我国数据相对提供了先验分布较多的新信息。综上，模型的参数估计有效。

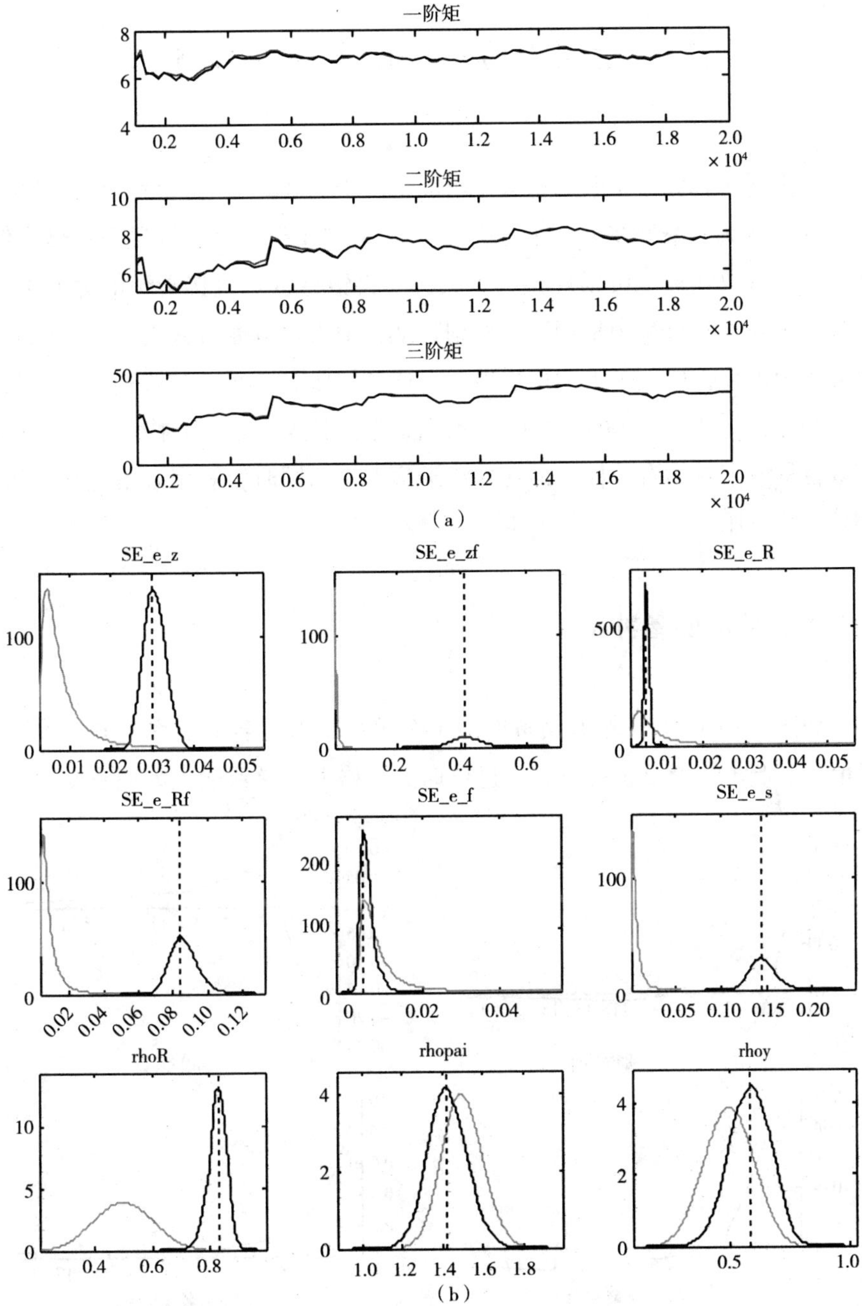

图 5-2　多变量诊断图与各参数的分布

第三节　模型的典型事实模拟解释

在美元对人民币长时间供大于求的情况下，我国中央银行大规模外汇直接干预，名义汇率处在一个相对稳定的水平。“汇改”后，人民币缓慢升值，伴随经济开放和外汇市场规模的扩大，中央银行进行直接干预的力度更大。在外汇干预汇率过程中呈现以下典型特征：中央银行通过买卖外汇逆风向干预人民币汇率，稳定了汇率但也引起了通货膨胀（李扬，1997；谢平、张晓朴，2002；何慧刚，2007）。下面使用前面的模型验证以上特征，并解释我国双目标双工具的有效性，即在外汇干预汇率的同时，利率政策能够有效地调控通货膨胀。

一、外汇储备冲击

如图 5 -3 所示，外汇储备增加 1 个单位，引起名义汇率上升，人民币贬值，引起出口商品价格下降、进口商品价格上升导致输入型通货膨胀。这

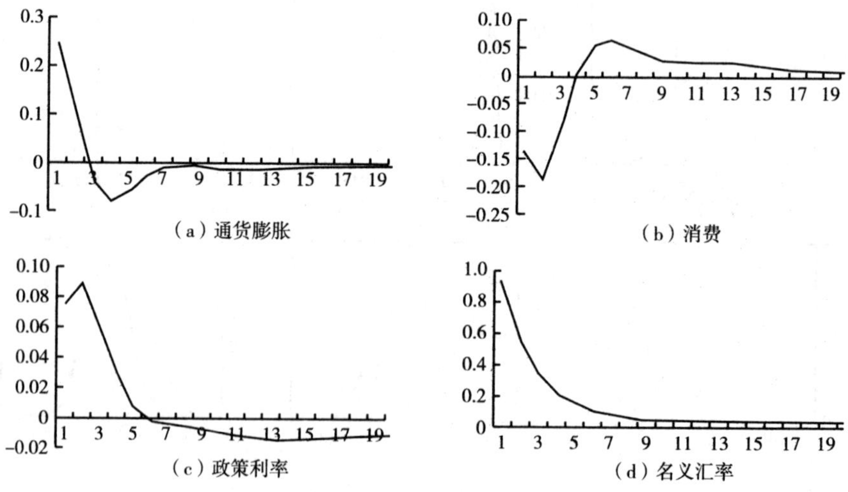

图 5 -3　外汇储备增加对各变量的影响

表明外汇储备增加能够有效抑制人民币升值，但同时带来了通货膨胀的上升。通货膨胀上升引起政策利率提升，而政策利率的上升带动贷款利率上升，贷款额减少导致消费下降。由此，以上解释了外汇储备增加能够抑制人民币升值，但是会带来通货膨胀的事实，即使是冲销干预，国内货币不变，但是外汇储备的增加会引起人民币贬值，从而导致输入型通货膨胀。

二、国内利率冲击

如图 5－4 所示，国内利率提高，通过欧拉方程居民消费降低，消费降低引起国内非贸易品产出下降；以消费需求推动的通货膨胀有所降低，同时高利率引起的人民币升值也会从输入型通货膨胀视角抑制通货膨胀，总体上脉冲图表现为通货膨胀的负向波动。国内利率的升高吸引大量国际资本注入国内资本市场，汇率下降，人民币升值，表现为汇率的负向波动。人民币升值压力下，增加外汇储备以稳定汇率波动。由此，以上解释了国内利率提升可以从国内消费需求渠道和汇率渠道两个方面缓解国内通货膨胀。

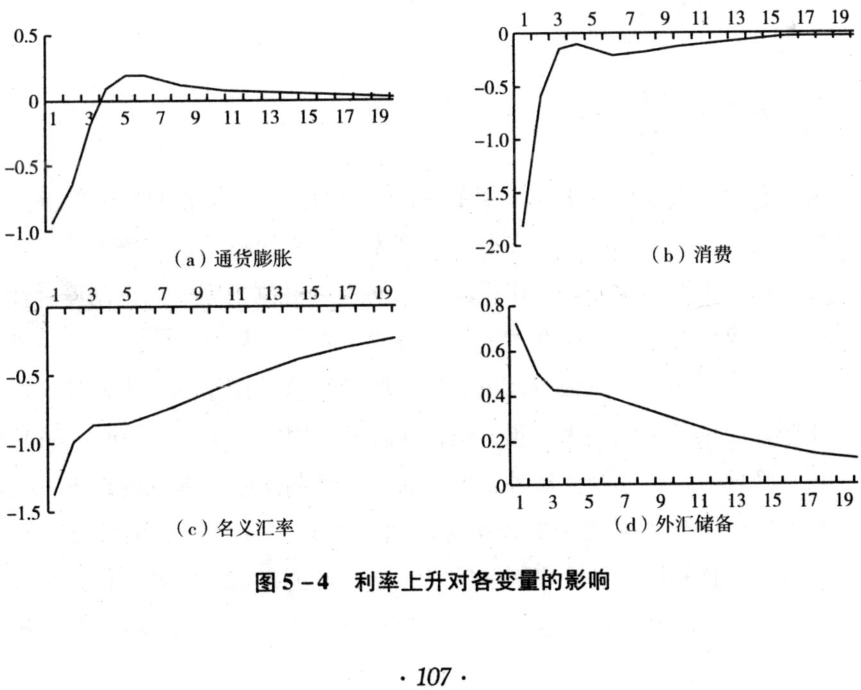

图 5－4　利率上升对各变量的影响

分析显示，外汇储备调控汇率明显不同于使用利率调控汇率的传导机制。使用外汇储备调控汇率的机制是：当面对人民币升值时，中央银行会增加外汇储备，通过国际资产负债平衡表引起国际债务增加，从而使国内资产的风险溢价上升，国内居民会减少其持有的国内外资产比例，国内货币需求下降，通过利率平价方程引起预期汇率上升，人民币贬值。这是外汇干预的资产组合平衡渠道。然而，利率调控汇率传导渠道是：面对人民币升值，国内政策利率下降，引起外资对国内的投资下降，国内币值自然上升；该渠道不需要通过资产负债平衡渠道来影响国内资产的风险溢价。

第四节　双工具政策抵御外部冲击的效果模拟

2007 年末美国经济开始恶化，美联储进入降息通道，最终在 2008 年 12 月 16 日将利率降至零，并且零利率一直维持长达 6 年半时间。极低的利率对中国经济的冲击影响很大，因此采用国外利率下降表示国际金融冲击；另外采用贸易条件负向冲击表示国际贸易恶化。

一、脉冲响应分析

为比较分析方便，本书设置如下四种汇率制度来模拟脉冲响应：（1）泰勒规则下完全浮动汇率制度，在此汇率制度下中央银行采用利率来调控通货膨胀和产出，不对汇率波动作出反应；（2）泰勒规则下固定汇率制度，此情况下利率不仅调控通货膨胀和产出，还将汇率固定在某一目标值；（3）外汇干预下固定汇率制，中央银行采用双工具调控经济，使用利率来调控产出和通货膨胀，使用外汇储备来干预汇率，并将汇率固定在某一目标值；（4）外汇干预下管理浮动汇率制，这种制度与前面一种制度唯一差别的地方在于中央银行不仅使用外汇对汇率的水平变动进行管理，还对汇率的波动进行管理。设置第二种和第三种汇率制度的目的主要是更好地理解外汇储备干预汇率的机制。在实际经济中，这两种目标制是极端情况，一般情况下很少国家会采用这两种制度。另外中央银行采用利率和外汇储备两个政策工具共同对汇率进行干预。分析时以第一种情况完全浮动汇率制为基准，这也是当前国外发达国家目前实施的汇率制度。第四种情况为我国当前实施的汇率目标制，通过外汇储备来管理浮动汇率，通过利率来管理通货膨胀和产出波动。将其他三种目标制下的脉冲响应与基准情况进行对比分析。以上四种制度下的参数设置如表 5 -5 所示。

表 5 -5　　各种情况参数设置

各种货币政策目标制	χ	ν	ϑ
泰勒规则下完全浮动汇率制	0	0	0
泰勒规则下固定汇率制度	∞	0	0
外汇干预下固定汇率制度	0	∞	0
外汇干预下管理浮动汇率制度	0	0.48	0.8

(一) 国际资本流动冲击

由对数线性化方程可知，国外利率通过两个渠道影响国内经济。第一个渠道是国际金融渠道，由国际收支平衡等式可知，国外利率上升引起国内居民贷款增加，国内贷款增加引起居民消费减少（欧拉方程），从而产出和通货膨胀下降；第二个渠道是国际贸易渠道，在利率平价机制作用下，国外利率上升一般情况下会引起国内币值下降，从而净出口上升，产出和通货膨胀上升。国外利率对国内经济的影响取决于两个渠道在各种汇率制度下的综合作用。显然第一个渠道在任何汇率制度下都起作用，第二个渠道在固定汇率制度下不起作用。但在泰勒规则固定汇率制度下，固定汇率政策利率大幅上升（贷款利率方程）会引起消费、产出和通货膨胀下降。完全浮动汇率制度下第二个渠道的影响最大；外汇干预固定汇率制度下仅第一个渠道起作用；外汇干预管理浮动汇率制度下第一个和第二个渠道都起作用，但是第二个渠道的作用要小于完全浮动汇率制度情形。

图 5 -5 为一个单位国外利率正向冲击的脉冲图。相对而言，外汇储备作为汇率调控工具的政策，能够有效地保护经济体，受到冲击后的经济波动较小。

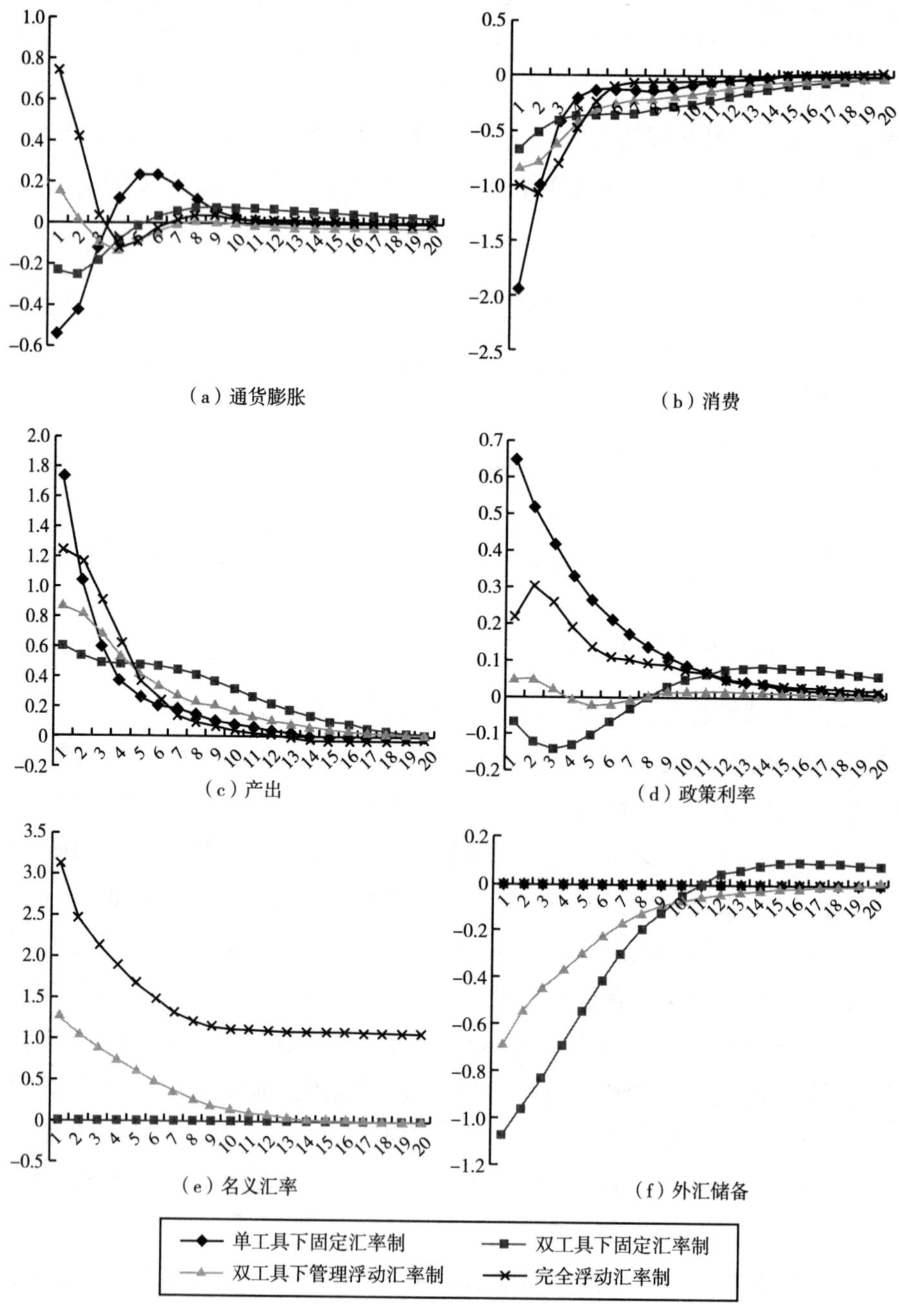

图 5-5 国外利率上升的影响

完全浮动汇率制下货币当局遭受一个严峻的挑战：国外利率上升一个点导致国内货币下降，进口价格上升导致通货膨胀上升，但是有利于刺激出口。货币当局通过提升利率来缓解经济过热，提升利率效应部分抵消了人民币贬值带来的消费下降。人民币贬值下因出口增加和进口减少有利于贸易平衡，但是贸易盈余的增加并没有导致国家净债务下降，反而使债务上升，因为国外利率上升带来的利息负担增加。在完全浮动汇率制下，冲击引起的名义汇率上升，最终并没有回到稳态值。其他三种情况下汇率最终均回到了初始的稳态。国外利率上升使得国内货币贬值到一个更高的水平，因此没有回到稳态；而另外三种情况下，均对汇率的目标水平进行管制，尤其是两种固定汇率制度下汇率自始至终均处于稳态。

比较泰勒规则下的两种汇率目标制，相对而言利率调控下固定汇率制造成更大的消费下降，主要原因还是由于为了固定汇率，政策利率出现最大程度的上升；较宽松政策下消费下降、通货膨胀下降、出口减少，贸易平衡也出现相对较大的缓解。

外汇干预固定汇率制度下，此时第一个渠道传导机制畅通，国外利率上升引起国内居民消费减少、产出和通货膨胀下降，因此利率下降。图 5 -5 中显示管理浮动汇率制度下通货膨胀效应为正，因为此时第二个渠道的影响要大于第一个渠道。相比双工具管理浮动汇率制度，外汇干预固定汇率制度下，国外利率冲击引起的经济波动与双工具管理浮动汇率制度下差别不大，但是却能够有效地稳定汇率，付出的代价是外汇储备的大量增加。相比泰勒规则固定汇率制度，外汇干预固定汇率制度下的经济波动明显较小。

外汇干预下管理浮动汇率制的优点显而易见。此时，允许汇率适度的波动，第二个渠道的政策效应能基本抵消第一个渠道资产负债表效应，因此产生的经济波动也较小。该制度下允许汇率适度的升值后回到稳态，对出口部门有短期的冲击，相对双工具固定汇率制此种情况下外汇储备的增加较小。

模拟结果揭示了利率干预固定汇率制的成本，利率的上升不仅要应对通缩压力，还需要为钉住汇率目标而提升利率，导致利率上升较大，带来的经济收缩最明显。相反，用外汇干预汇率时，由于外汇工具隔离了外部冲击，面对外部经济收缩时政策操作空间增大，最终国外利率冲击对国内经济的不利影响明显减小。

本部分模拟表明，中央银行的双目标双工具政策能够在稳定汇率的同时稳定价格。两个货币政策工具——利率和外汇储备，在完全冲销下还能够保证独立性。按照“丁伯根原则”，通货膨胀目标和汇率稳定的目标可以同时实现。模拟还显示，各种汇率制度下若只用单工具利率调控通货膨胀和汇率，则会出现货币政策两个目标之间的冲突，造成经济波动较大。模拟结果有效地说明我国在2008年金融危机后，面对国际资本冲击时，又从管理浮动汇率制度回到了固定汇率制度，采取了近两年的固定汇率制是非常合理的选择。

（二）国际贸易条件冲击

由对数线性化方程可知，贸易条件恶化通过两个渠道影响国内经济。第一个渠道是贸易条件恶化会引起出口产品相对价格下降，出口供给减少，从而产出下降。第二个渠道是在国际收支平衡约束方程下出口产品价格下降引起居民贷款增加，从而居民消费下降、产出和通货膨胀下降。为刺激经济增长，政策利率随之下降，人民币币值下降；为稳定币值，减少外汇储备。不同政策框架与汇率制度下，影响效应显然不同。若在贸易条件恶化过程中，不采取稳定汇率政策，则人民币币值下降会抵消贸易条件恶化对出口的消极影响，缓解对经济的不利影响。尽管如此，产出仍然下降，消费在工资效应下也出现明显的下降。伴随着工资和劳动力的减少，通货膨胀下降，政策利率下降。

完全浮动汇率制下无论是产出、通货膨胀还是利率的波动都较小，但是汇率的波动最大；而外汇干预两种汇率目标制下虽然真实汇率的波动较小，但是产出、通货膨胀和利率波动较大。这表明完全浮动汇率制具有明显的优势，面对贸易条件恶化时，由于允许汇率完全自由的浮动，能最大程度抵消贸易条件恶化对出口的不利影响，因此此时的经济波动最小，但是代价是汇率的大幅波动。类似分析发现，管理浮动汇率制度的表现次优，两大固定汇率制度效果较差。这说明，外汇干预汇率制度虽然管住了汇率的浮动，但是代价是较大的经济波动。因此，面对贸易条件恶化双工具管理浮动汇率制度很可能会阻碍汇率的必要调整，不利于经济稳定。

由图 5 - 6 可知，面对贸易条件恶化，完全浮动的汇率制度可使国内经济免受较大冲击。然而，完全浮动的汇率制度又容易受到国际资产冲击的影响。因此需要具体分析冲击的来源，适度保证汇率的弹性，才能有效地抵御国际资本和贸易冲击。

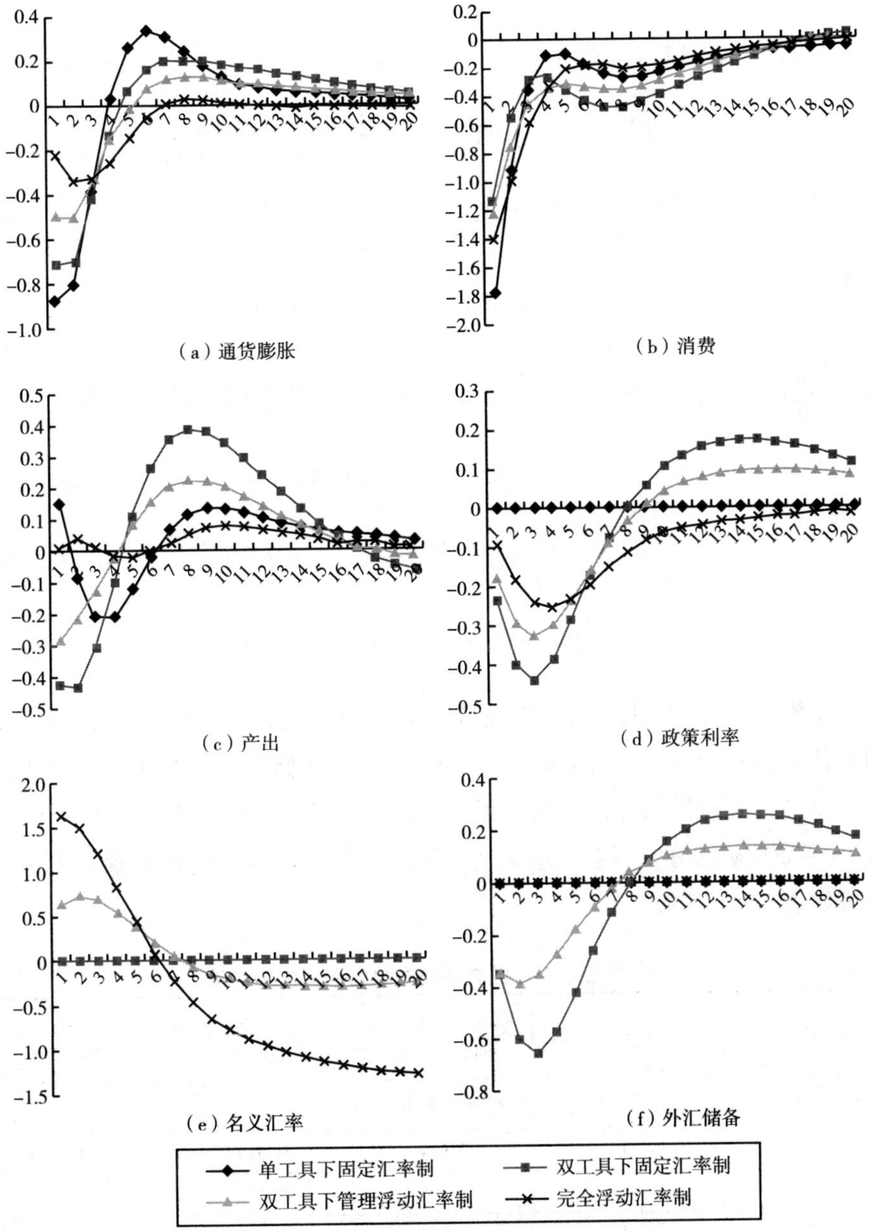

图 5-6　贸易条件恶化的经济效应

二、社会福利损失分析

对效用函数在稳态二阶泰勒展开，并利用各变量稳态值等式关系化简得到：

$$U - \bar{U} = \sum_{t=0}^{\infty}\beta^t E_0[\hat{c}_t - (1+\zeta)\hat{y}_t] - \frac{(1+\zeta)(1+\varphi)}{\gamma}\sum_{t=0}^{\infty}\beta^t E_0(\hat{y}_t^2)$$

$$\approx -\frac{(1+\varphi)}{\gamma}\sum_{t=0}^{\infty}\beta^t E_0(\hat{y}_t^2) \tag{5-20}$$

式（5-20）表示的效用函数没有反映通货膨胀波动、汇率波动和外汇储备变化对居民社会福利的影响。因此为了分析的全面性和稳健性，另外增加反映通货膨胀、汇率和外汇储备波动的三个福利损失函数进行分析：

$$L_1 = -\sum_{t=0}^{\infty}\beta^t E_0(\hat{\pi}_t^2 + 0.5\hat{y}_t^2) \tag{5-21}$$

$$L_2 = -\sum_{t=0}^{\infty}\beta^t E_0(\hat{\pi}_t^2 + 0.5\hat{y}_t^2 + 0.5\hat{q}_t^2) \tag{5-22}$$

$$L_3 = -\sum_{t=0}^{\infty}\beta^t E_0(\hat{\pi}_t^2 + 0.5\hat{y}_t^2 + 0.5\hat{q}_t^2 + 0.01\hat{f}_t^2) \tag{5-23}$$

在式（5-23）中，对外汇储备变动的权重设定反映了外汇储备的变动对社会福利的影响非常有限，这意味着为了降低社会福利损失，中央银行可以进行大规模的外汇市场干预。为便于比较分析，对U计算时略去常数$(1+\varphi)/\gamma$部分，不会对结果造成影响。各种情况下的社会福利损失绝对值如表5-6所示。

表5-6　各种货币政策目标制下冲击的福利损失绝对值

福利损失函数	完全浮动汇率制	泰勒规则下利率固定汇率制	外汇干预固定汇率制	外汇干预管理浮动汇率制
国外利率冲击				
U	1	0.644	0.315	0.473
L_1	1	3.798	0.473	0.111
L_2	1	0.745	0.277	0.421
L_3	1	0.747	0.282	0.424

续表

福利损失函数	完全浮动汇率制	泰勒规则下利率固定汇率制	外汇干预固定汇率制	外汇干预管理浮动汇率制
贸易条件冲击				
U	1	2.208	0.773	1.160
L_1	1	2.227	1.437	0.840
L_2	1	1.065	1.110	1.094
L_3	1	1.066	1.109	1.093
外汇储备冲击				
U	1	0.451	0.000	0.431
L_1	1	3.658	0.000	0.600
L_2	1	0.398	0.000	0.448
L_3	1	0.448	0.000	0.439

若中央银行在执行货币政策时只考虑通货膨胀和产出的波动，面对国外利率冲击，外汇干预的固定汇率制度最优；面对贸易条件冲击，选择完全浮动的汇率制度最优，但要承受较大的汇率波动；若中央银行的货币政策还考虑稳定汇率，则面对三种冲击，外汇干预固定汇率制度均是最优。这解释了为何遭遇金融危机，新兴国家和发展中国家大部分都采用外汇干预政策。事实上，我国政府在 2008 年金融危机后的近两年时间里，面对国际资本冲击就放弃管理浮动转为固定汇率制度，而且在此后的较长时间里允许汇率波动的范围极小。本书的结论恰好说明了这段时间汇率政策的合理性。这也能说明发达经济体选择完全浮动汇率制度的原因，因为其金融体系发达，不担心国际资本冲击，但是特别担心国际贸易条件恶化，选择完全浮动的汇率制度可以有效地抵御国际贸易条件恶化带来的影响。

综合来看，对于新兴经济体而言，若将汇率稳定作为中央银行政策损失的一部分，则外汇干预的两种汇率制度较好；若不担心外汇储备会被消耗完，则实施外汇干预管理浮动汇率制无疑最优。对于金融体系发达的经济体，使用完全浮动汇率制度可以有效地面对国际贸易冲击。

第五节　汇率制度改革对货币政策独立性与有效性的影响模拟

一、不同汇率制度下货币政策独立性与有效性分析

国外货币政策与我国的外汇储备积累被认为是影响我国货币政策独立性的重要因素，下面采用国外利率冲击和外汇储备冲击对国内政策利率的脉冲响应来测度独立性，采用政策利率冲击对通货膨胀和产出的影响来反映有效性。为全面深入分析，比较实施三种汇率制度时，单工具政策与双目标双工具政策的政策独立性与有效性。如表 5－7 所示，根据参数含义，对ς、κ 均赋值 ∞、0. 33、0 分别代表固定、管理浮动与完全浮动的三种汇率制度，其中取值 0. 33 是前面贝叶斯估计的结果。

表 5－7　各种制度下的参数赋值

政策框架	不同汇率制度	参数取值	
		ς	κ
单工具政策框架	固定汇率制度	∞	0
	管理浮动汇率制	0. 33	0
	完全浮动汇率制	0	0
双目标双工具政策框架	固定汇率制度	0	∞
	管理浮动汇率制	0	0. 33
	完全浮动汇率制	0	0

（一）货币政策独立性的影响分析

影响我国货币政策独立性的因素较多，如中央银行独立性、美国货币政策变化、汇率市场政策等。本书聚焦于外生冲击因素，其中，国外货币政策变化是一个重要原因。如美国联邦利率调整通过汇率渠道、资产价格渠道等影响国内宏观经济变量，从而引起国内政策利率一定程度的被动调整；另外

一个是为稳定汇率而采取的外汇干预政策。长期以来我国增减外汇储备来稳定汇率市场，致使了外汇占款增加，时常引发通货膨胀，国内政策利率会发生调整。下面用国外利率冲击表示国外货币政策，外汇储备冲击表示外汇干预政策，分析不同汇率制度下两种因素对货币政策独立性的影响，说明汇率制度改革对货币政策绩效的影响。

1. 国外利率冲击。如图 5－7 所示，国外利率提升一个单位，通过各种渠道最终对国内货币政策（政策利率）造成影响，降低货币政策独立性。单工具政策框架下，在固定汇率制度向完全浮动汇率制度的过渡过程中，国外利率一个单位正向冲击影响国内利率的初始效应逐渐减弱，说明此框架下汇改能提升货币政策的独立性；而在双目标双工具框架下，固定汇率制度下国外利率提升会降低我国政策利率，但是随着汇率弹性增强，国外利率冲击的初始效应逐渐转正且越来越大。这意味着，此框架下国外利率对国内利率的影响先减弱后增强，说明货币政策独立性先增强后减弱。

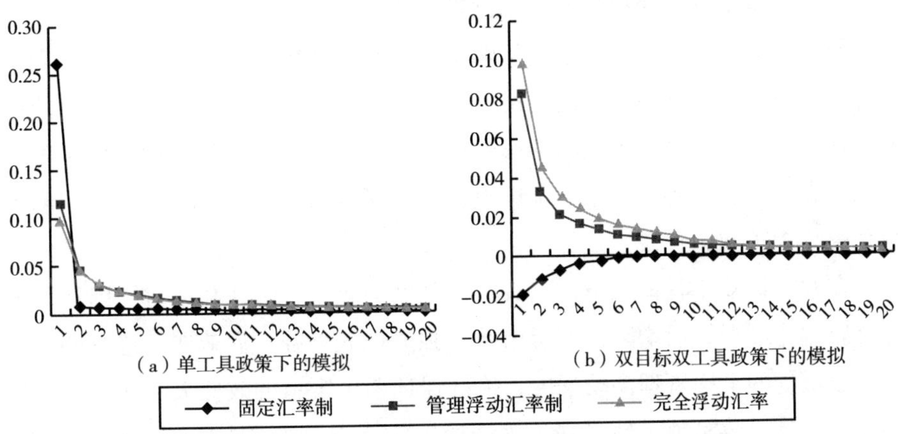

图 5－7　国外利率上升对国内政策利率的影响

单工具政策下，利率既是调控通货膨胀、产出，又是稳定汇率的工具。固定汇率制度下，面对国外利率上升，国内利率被迫为稳定汇率而大幅提升，造成的后果是国内利率无暇再顾及调控产出和通货膨胀。因此固定汇率制度下，国外利率对国内利率的影响最大，造成货币政策完全失去独立性。但随着汇率弹性上升，国外利率对国内利率的影响将减弱，这可从传导机制进行解释。单工具政策框架下，国外利率冲击不会造成国内外汇储备及国内债券的变化，因此风险溢价波动为0，此时传统的无抛补利率平价定律成立。国外利率对国内利率的影响可直接通过无抛补利率渠道来解释，无抛补利率平价 $\hat{i} = \hat{i}^* + \hat{S}_{+1} - \hat{S}$ 下为保持固定汇率制度，国内利率上升幅度等于国外利率上升，从图5－7中可以看出，此时国内利率也上升一个单位。从无抛补利率平价表达式可以看出，汇率弹性越强，国外利率变动对国内利率的影响被预期汇率波动抵消越大，货币政策独立性就越强。然而，双目标双工具政策下的结论并非如此。

双目标双工具下，传统的无抛补利率平价定律不成立。国外利率通过两个渠道影响国内利率，从而对国内货币政策独立性造成影响。第一个渠道是国外利率提升即持有国外资产的收益增加，则国内居民会增加国外债券持有量，在居民预算约束下会引起居民消费降低，从而降低总需求和通货膨胀，引起政策利率下降。第二个渠道是国外利率提升造成人民币贬值，出口增加，提升国内总需求和通货膨胀，引起政策利率上升。这两种渠道影响方向相反，两个渠道的效应取决于汇率制度。当采取固定汇率制度时，第一个渠道的影响最大，而第二个渠道的影响不存在，因此固定汇率制度下国外利率上升才会出现国内利率下降的情况。随着汇率弹性的增强，第二个渠道的影响将逐渐增大，而第一个渠道的影响变化不大。因此，管理浮动汇率制度下第二个渠道的影响将大于第一个渠道，综合影响为正。完全浮动汇率制度下综合影响为正向，且最大。

在双目标双工具框架下，随着汇率制度的改革，国外利率对国内利率的综合影响先减弱，后增强；即货币政策独立性先增强，后减弱。这说明，存在一个最优的汇率管理浮动程度，恰好保证两个渠道的效应大小相等、方向相反时，货币政策独立性最强。该结论也与范小云等（2015）的结论相同。这表明，随着未来汇率弹性增强，使用双目标双工具政策将降低货币政策独立性。

2. 外汇储备冲击。如图5－8所示，为稳定汇率波动，增加一个单位外汇储备，通过影响货币供给量、实体经济最终传导到国内政策利率，削弱国内货币政策独立性。单工具政策框架下，随着汇率弹性的增强，外汇储备冲击对国内政策利率的初始效应逐渐降低，说明其影响国内利率的效果越来越小，因此货币政策独立性逐渐增强；而双目标双工具政策下的结论刚好相反，因为外汇储备影响国内利率的初始效应随着汇率弹性增强而增大。从图 5－8 中看出，外汇储备冲击对国内利率的影响为 0，即外汇政策不影响利率调控，此时货币政策独立性强。

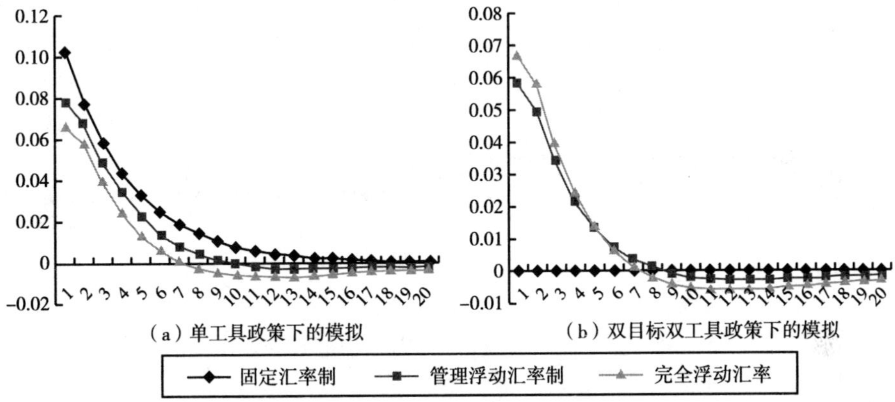

图 5－8　外汇储备冲击对国内利率的影响

单工具政策下，利率具有稳定汇率的作用。固定汇率制时，外汇储备增加会引起人民币大幅波动，需要利率大幅度上升才能够固定汇率。随着汇率弹性增强，利率对汇率的调控减弱，因此完全浮动汇率制下利率上升幅度最小。双目标双工具政策下，采用外汇储备来固定汇率，不会对产出、通货膨胀等产生影响，因此利率不变。随着汇率制度改革，允许汇率弹性增强，外汇储备的增加引起人民币贬值，产出和通货膨胀上升，利率随之提升。显然，完全浮动汇率制下通货膨胀和产出上升幅度最大，因此利率上升幅度也最大。

随着汇率改革的推进，虽然双目标双工具下货币政策独立性在下降，单工具下货币政策独立性在上升。但这并不说明我国货币政策不独立，相反货币政策保持了较高独立性。无论是图 5－8 中的（a）还是（b），对两种框架下的纵坐标比较发现，双目标双工具比单工具利率调控下货币政策独立性更强。这些分析说明双目标双工具政策框架视角能有效地解释 2005 年之前我国实行固定汇率制时货币政策保持独立性，2005 年之后汇率弹性增强但货币政策独立性却下降的现象。同时表明，若套用国外的单工具框架分析中国货币政策独立性，会发现汇率弹性增强确实能提升货币政策独立性。

（二）货币政策有效性的影响分析

1. 单工具政策框架下模拟。比较图 5 – 9 和图 5 – 10 发现，无论是使用 M – F 单工具还是双目标双工具政策，随着汇率弹性不断增强，一单位国内利率上升引起的通货膨胀和产出的下降幅度逐步增大，这表明货币政策有效性随汇率弹性增加逐步提升。

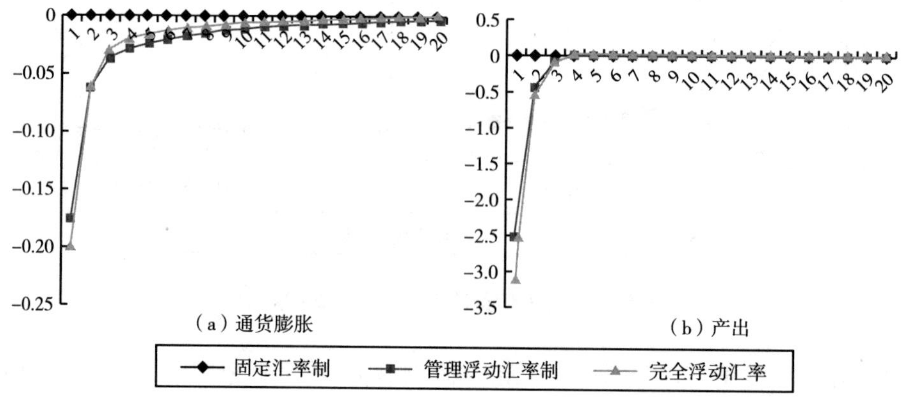

图 5 – 9　单工具政策下国内利率的调控效果

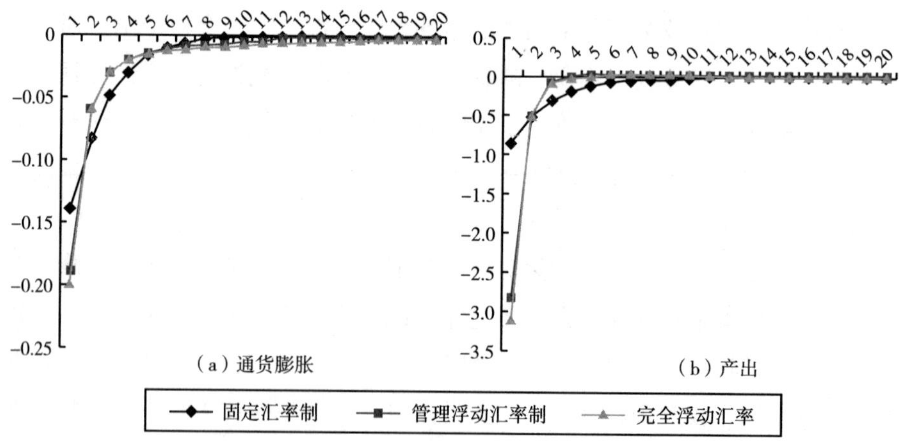

图 5 – 10　双目标双工具政策下国内利率的调控效果

开放经济下国内利率调控通过三个渠道影响通货膨胀和产出。第一个渠道是国内利率上升会提升国内资产收益率，居民在预算约束下会选择减少当前消费、总需求和通货膨胀下降。第二个渠道是国内利率上升吸引外资进入，人民币升值，净出口下降，产出和通货膨胀下降；第三个渠道是人民币升值下，中央银行实施不完全冲销导致外汇占款增加，引起消费、产出和通货膨胀上升。第一个渠道为直接效应且为负向影响，一般情况下直接效应最大；第二个渠道为间接负向效应；第三个渠道为间接正向效应。三个渠道的影响既取决于汇率制度，也取决于汇率干预政策。

如图 5－9 所示，单工具政策下，利率冲击下产出和通货膨胀波动为 0，即货币政策无效。这可从式（5－2）看出，此时$\varsigma \to \infty$，意味着为保持固定汇率，利率需要大幅度上升，而无暇顾及调控产出和通货膨胀。这充分表明仅靠利率工具调控多个政策目标会引发调控冲突，影响调控效果。随着汇率弹性的增强，各个渠道的影响效应均逐步增强。利率对汇率的关注程度下降，在一定程度上能够顾及对产出和通货膨胀的调控。完全浮动汇率制度下，第一个渠道和第二个渠道的影响都最大。因为利率不对汇率波动作出响应，能够最大限度地通过直接渠道调控国内经济；汇率能够完全浮动，第二个贸易渠道的效应最大。综合各个渠道效应，实施单工具政策时，汇率浮动程度越大，货币政策有效性越强。

2. 双目标双工具框架下模拟。如图 5－10 所示，双目标双工具框架下固定汇率制度时，我国货币政策仍然有效。因为此时使用外汇储备稳定汇率，并不会影响利率调控经济，此时利率影响经济的第一个渠道会发生作用。但是由于汇率固定，此时第二个渠道和第三个渠道的影响不存在。随着汇率弹性的增强，不仅第一个渠道的影响效应不变，第二个渠道和第三个渠道的影响也逐渐增强。但是第二个渠道的影响明显强于第三个渠道。因此完全浮动汇率制度下综合效应最大，利率调控经济体能力最强。

总之，双目标双工具政策具有单工具扩展型泰勒规则没有的优势：既能稳定价格又能稳定汇率。这是因为，双目标双工具政策满足“丁伯根原则”且两个政策在冲销干预下存在独立性。模拟还显示，各种汇率制度下若只用单工具利率调控通货膨胀和汇率，则会出现货币政策两个目标之间的冲突，无论是独立性还是有效性方面效果都不如双目标双工具政策框架。模拟结果有效地印证了我国 2005 年之前固定汇率制下使用双目标双工具政策的合理性，既能保证政策独立性又能实现有效性。同时也解释了后危机时代，我国汇率弹性虽有上升，但货币政策独立性并没有增强。

二、汇率改革、资本账户开放协调推进的货币政策效应

（一）脉冲响应分析

前面为单独分析汇改因素如何影响货币政策绩效，设定我国存在一定的资本管制但是资本账户改革停滞不前。然而，现实中资本账户开放与汇改协调并进，需要融入资本账户开放这个条件，来分析汇改对货币政策绩效的影响，此时结论是否发生改变？根据参数的经济意义，设置下面三种情况进行模拟。情形1：$\tau=0.7$，$\varsigma=0.3$；情形2：$\tau=0.8$，$\varsigma=0.2$；情形3：$\tau=0.9$，$\varsigma=0.1$。从情形1过渡到情形3的过程表示汇率和资本账户改革同步深入，协调推进。

1. 货币政策独立性分析。如图5-11所示，随着汇率、资本账户改革的深入，单工具双目标框架下国外利率影响国内利率的能力逐渐减弱，这说明改革促使国内货币政策独立性增强；而双目标双工具政策下的结果刚好相反，货币政策的独立性将下降。结论产生差异的根本原因在于改革引起了政策的影响效应变化不同。

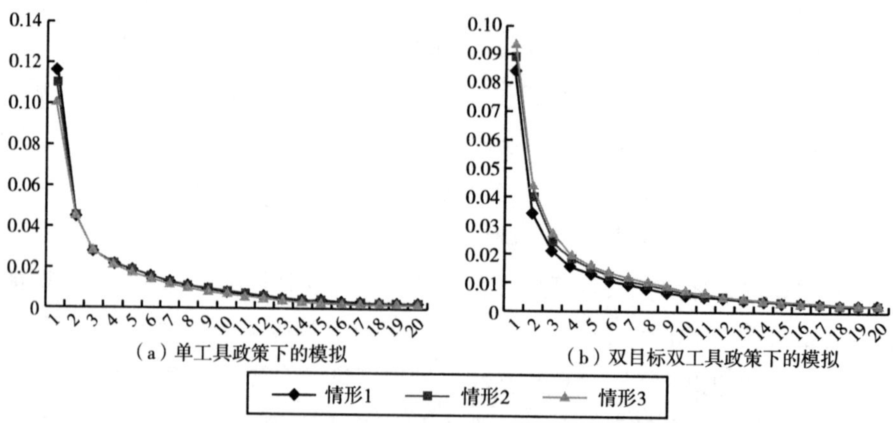

图5-11 国外利率上升对国内政策利率的影响

国外利率通过国际资产渠道和国际贸易渠道影响国内经济。国际资产渠道方面：通过国际收支平衡表，国外利率下降导致国内居民减少对国外资产

的购买，增加对国内资产和消费品的购买，经济增长，利率上升；国际贸易渠道方面，国外利率下降导致人民币升值，出口受阻，产出下滑，利率下降。由于不同框架下两个渠道的效果相反，虽然资本账户开放与汇改都会疏通两个渠道的效应，但综合影响不确定。单工具政策框架下，显然改革更能提升国际贸易渠道的影响效果，因为此时改革能有效地疏通利率—汇率渠道，最终利率平价定律成立。但是双工具政策框架下，改革更能提升国际资产渠道的效果。此时更有助于减小汇率风险溢价，降低国内外资产购买的成本。

外汇储备冲击下的结论及分析过程与前面类似，因此省略。

2. 货币政策有效性分析。如图 5－12 和图 5－13 所示，两大金融改革对货币政策调控通货膨胀基本无影响；但是都会减弱货币政策调控产出的效果。这说明，金融改革将会对我国的货币政策实施形成挑战。与图 5－9 和图 5－10 比较分析发现，导致削弱产出调控能力的原因在于资本账户开放因素。为论证，在汇率市场化程度不变下，模拟发现仅实施资本账户开放确实会降低货币政策有效性。

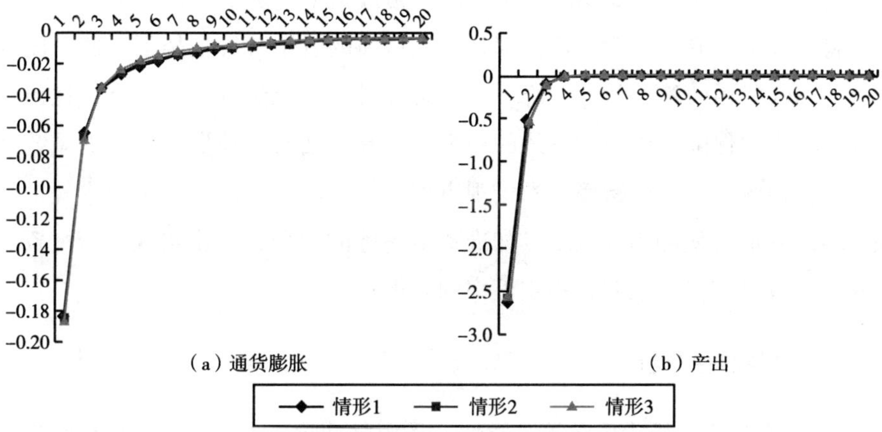

图 5－12　单工具政策下国内利率的调控效果

产生货币政策有效性下降的主要原因是：资本账户越开放，国内利率上升引起的汇率升值效应越弱。因为国内利率上升引起国内资产的吸引力增强，人民币产生升值压力。若此时提升资本账户开放度，能够缓解汇率的升值压力。正是由于有效地缓解了升值压力，净出口渠道和国际资产渠道影响

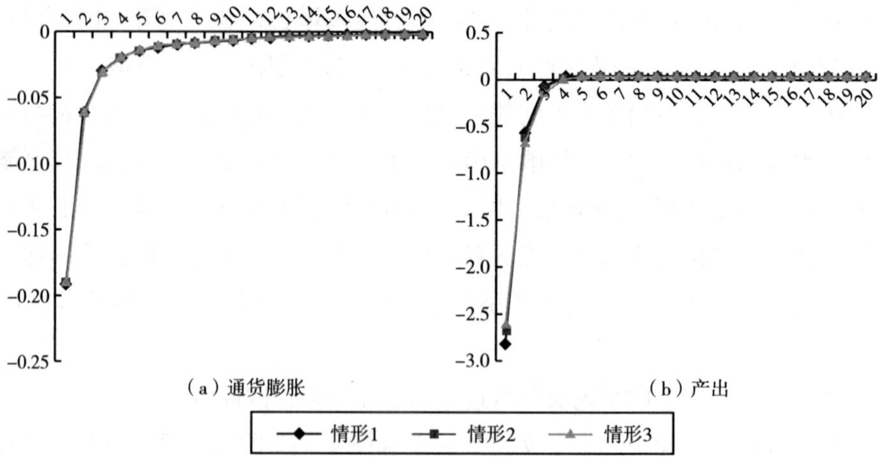

图 5-13 双目标双工具政策下国内利率的调控效果

国内产出的效应减弱。最终两种政策框架下的政策有效性都降低。这也说明，资本账户开放度提升，会削弱利率传导渠道，降低货币政策有效性。

近年来，我国逐步扩大资本账户开放程度。当遭遇跨境资本冲击时，也没有实施资本管制。随着跨境资本宏观审慎政策的研究和实践深入，资本账户必将继续加大开放力度。但模拟显示在目前的货币政策框架下开放力度增加容易引起货币政策有效性下降。为预防金融自由化进程中货币有效性出现下降，首先要保障国内金融系统的稳定，因此在面对跨境资本引发的系统性风险时货币政策可搭配跨境资本宏观审慎政策；其次，需要逐渐减少外汇干预，增加其他汇率冲销政策工具如准备金率等的使用，逐步实现用跨境资本宏观审慎政策替代外汇储备稳定汇率的政策。

（二）稳健性分析

1. 相关系数分析货币政策独立性。采用脉冲响应进行独立性分析能单独剥离出国外货币政策对国内货币政策的影响，但是这种分析并没有考虑其他冲击的影响。采用国内外利率的相关程度测度政策独立性。若相关系数高，则独立性差。反之，则独立性强。

表 5-8 显示，随着汇率弹性增强，单工具政策框架下两个相关系数都逐渐减小，说明货币政策独立性逐渐增强。但是双目标双工具框架下国

内外利率相关系数先增大后减小，说明货币政策独立性先增强后减弱，这与图5－13的脉冲分析结论一致。固定汇率制度下，双目标双工具政策框架下外汇储备与利率的相关系数仅为0.0048，说明外汇储备基本不会对货币政策产生影响；然而单工具政策框架下的相关系数为0.7431，说明此时货币政策独立性弱，这与图5－12结果一致。比较两种框架下对应的相关系数，双目标双工具政策独立性较强。

表5－8　　不同汇率制度下的相关系数

政策框架	不同汇率制度	参数取值	国内外利率	外汇储备与国内利率
单工具政策框架	固定汇率制度	$\varsigma=\infty$	0.8111	0.7431
	管理浮动汇率制	$\varsigma=0.33$	0.7723	0.6279
	完全浮动汇率制	$\varsigma=0$	0.6525	0.5071
双目标双工具政策框架	固定汇率制度	$\kappa=\infty$	0.5882	0.0048
	管理浮动汇率制	$\kappa=0.33$	0.7674	0.4482
	完全浮动汇率制	$\kappa=0$	0.6525	0.5071

2. 方差分解分析货币政策有效性。脉冲响应分析可以单独剥离货币政策冲击的影响。但是，本书中还包括国内外技术冲击，多种冲击会同时发生，因此还可以使用方差分解来分析货币政策有效性。方差分解可以分析出模型中所有冲击对产出和通货膨胀波动的解释能力。随着汇率市场化改革的推进，若货币政策冲击解释产出和通货膨胀波动的能力增强，则表示政策有效性增强。

表5－9显示，随着固定汇率制度逐步过渡到完全浮动汇率制度时，同样一单位货币政策冲击对产出和通货膨胀波动的解释程度都在增大。这反映出汇率制度改革可以增加货币政策调控产出和通货膨胀的效果，因此增强了货币政策有效性。特殊情况是，固定汇率制度下使用单工具政策时，货币政策对产出和通货膨胀波动的解释程度为0，即货币政策丝毫不能调控通货膨胀与产出波动，这与图5－12脉冲图中的结论一致。比较而言，双目标双工具政策框架的解释程度较大，货币政策有效性较强。这与前面的脉冲分析结论一致。

表 5 -9　　　　货币政策冲击对产出、通货膨胀波动的解释程度

政策框架	不同汇率制度	参数取值	对产出波动的解释程度（%）	对通货膨胀波动的解释程度（%）
单工具政策框架	固定汇率制度	$\varsigma = \infty$	0	0
	管理浮动汇率制	$\varsigma = 0.33$	39.19	20.81
	完全浮动汇率制	$\varsigma = 0$	55.23	34.71
双目标双工具政策框架	固定汇率制度	$\kappa = \infty$	19.11	10.89
	管理浮动汇率制	$\kappa = 0.33$	44.66	25.34
	完全浮动汇率制	$\kappa = 0$	55.23	34.71

3. 改变参数进行稳健性分析。将表 5 -3 中的参数 σ、v、φ、α、η、γ、α_F、ρ、τ 在各自标准值上下 5% 变化，分析这种变动对模拟结果是否产生显著的影响。因参数较多，模拟的脉冲图较多及篇幅关系，结果省略。模拟结果显示，改变参数值不影响最终结果的可靠性。

第六节　外汇干预政策的成本分析

前面的分析发现双目标双工具的外汇干预固定汇率制度具有较大的优势，尤其是能够保证汇率和货币政策的独立性，以及国际资本冲击下的经济稳定。然而双目标双工具政策需要中央银行有大量的外汇储备进行干预，在国外利率发生变化时还要承受较大的冲销成本，而且该政策还需要一定的金融管制才能发挥作用。随着我国金融自由化的推进，该政策的干预效果和冲销成本会如何变化？未来该政策仍是中央银行的一个最优选择吗？

一、资本账户逐步开放下模拟

一直以来，中央银行采取外汇市场干预来稳定人民币汇率，对外汇占款实施冲销政策。随着我国资本账户开放增强，对外汇干预冲销政策的挑战度越来越大，尤其是会影响政策干预的效果和冲销成本。为抑制人民币升值需要增加外汇储备，还需要通过发行债券对外汇占款进行冲销。中央银行需要为所发行的中央银行债券支付利息，在国内利率高于国际利率的情况下，外汇储备的投资收益率低于中央银行票据的利息，产生冲销成本，冲销成本波动为：$\widehat{F}_t(\widehat{R}_t - \widehat{R}_t^*)$ 。

下面在外汇固定汇率、利率稳定通货膨胀的双目标双工具政策框架下研究资本账户逐步开放下，面对国外利率冲击该政策稳定汇率的能力和外汇冲销成本有何变化。资本账户开放意味着 $\widehat{R} = \tau(\widehat{R}^* + \widehat{Q}_{+1} - \widehat{Q}) + \widehat{\Omega}$ 的参数 τ 将由 0 逐渐增加至 1。因此设定参数 τ 分别等于 0.3、0.6、0.9 进行模拟，代表资本账户的逐步开放过程。

图 5－14 显示，随着资本管制程度的减弱，一个单位国外利率冲击对国内通货膨胀和汇率的影响基本无变化，但是为了固定汇率而付出的外汇

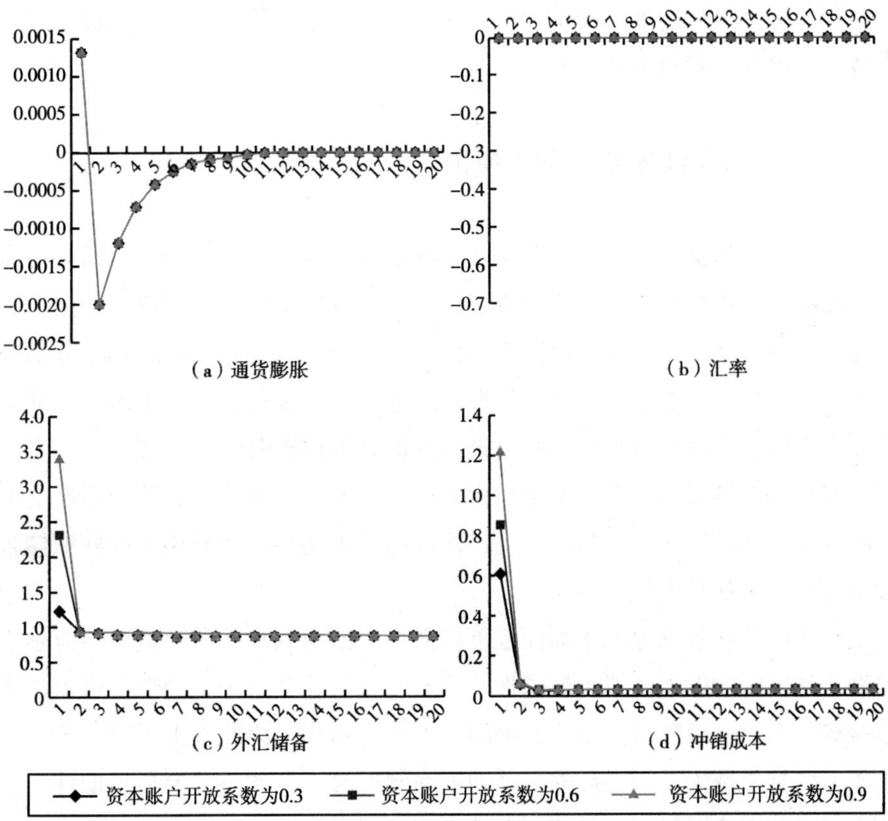

图 5－14　国外利率冲击的效应

储备和冲销成本都越来越大，即外汇储备固定汇率的难度和成本越来越大。主要原因是：由于国际资本流动对经济基本面和市场因素变化反应灵敏，当人民币汇率变动和升贬值压力来自国内外经济基本面变化时，外汇干预难以改变基本面因素，所以很难扭转资本流动方向，大规模资本持续流入将使外汇干预和冲销操作的实际效果大幅下降。因而，资本项目开放倾向于降低我国中央银行的外汇干预和冲销操作能力。资本项目开放和利率、汇率市场化后，利率平价在我国适用性将显著增强，本币资产和外币资产经过风险调整后的收益率水平将有所靠拢，意味着调整风险后本币资产与外币资产的替代性增强，因而理论上外汇冲销式干预资产组合渠道效应可能有所下降。

外汇冲销成本上升的原因是：资本账户的开放会引起外汇干预的难度增大，同样一个单位的外汇储备冲击，显然干预后汇率的波动更大，较大的汇率波动会引起干预成本的上升。

二、汇率弹性逐步增强下模拟

汇率市场化也是我国金融改革的一项重要内容。一直以来，中国在努力逐步推进汇率市场化改革。伴随着汇率市场化改革中汇率弹性逐步增强，会对外汇市场干预政策和冲销成本带来怎样的影响？下面设置参数 κ_2 分别为 1000、10、0.01，表示汇率市场化改革逐步深入的过程，继续采用国外利率冲击来模拟汇改对双目标双工具效果与冲销成本的影响。

图 5 - 15 显示，随着汇率市场化的改革深入，一个单位国外利率冲击引起的通货膨胀和汇率波动逐渐增大，伴随的是为调控汇率而增加的外汇储备数量和外汇干预成本越来越小。

汇率市场化意味着汇率弹性逐步增强，汇率与利率的联动机制效应越来越强，利率影响汇率的能力就越强。这表明无抛补利率平价的传导渠道越来越通畅，而通过风险溢价影响汇率的能力越来越小，因此外汇干预影响汇率的能力就越来越弱。当近似完全浮动汇率制度时，显然不需要再借助外汇干预汇率，而直接通过利率就能够有效地稳定汇率。

以上带来的政策启示是，虽然外汇固定汇率政策能够有效地抵御外部资

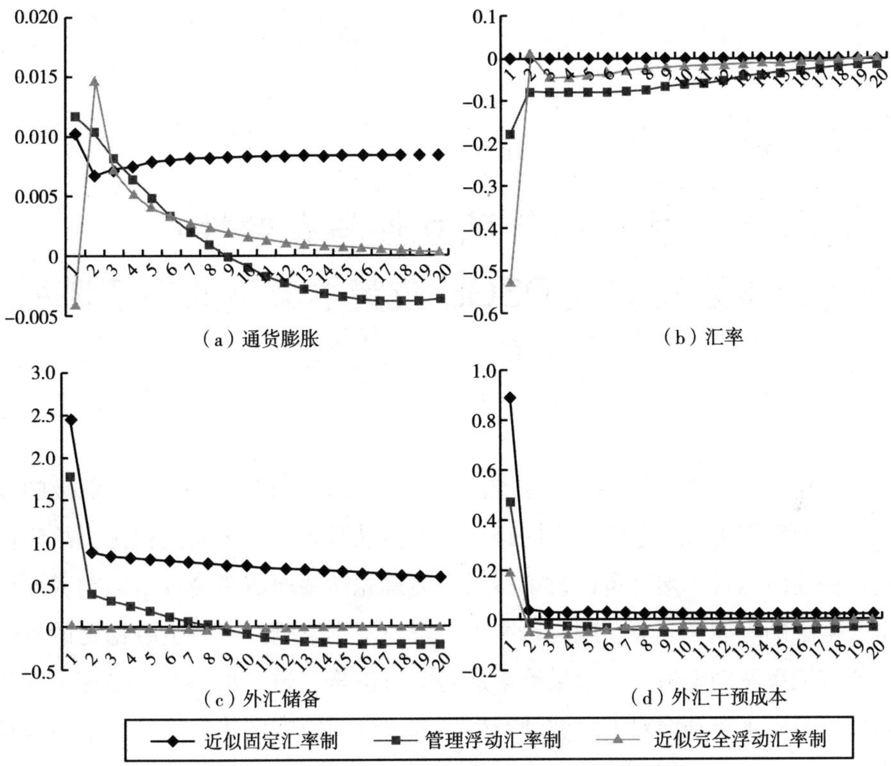

图 5-15　国外利率冲击的效应

本冲击，但是代价是巨大的外汇干预成本。目前，我国外汇冲销操作总体上是有效的，维持了人民币汇率和国内物价水平的相对稳定，但是随着金融发展水平的不断提高，我国外汇冲销的有效性不断下降，冲销成本日益上升。从冲击成本的角度来看，应当尽量减少外汇市场干预力度，增加人民币汇率弹性。

| 第六章 |

汇率制度、货币政策独立性与有效性：跨境资本宏观审慎 DSGE 政策框架下的实证模拟

跨境资本作为重要的生产要素，对我国促进经济增长发挥了积极的作用。然而短期无序频繁大规模的跨境资本扰动是系统性风险的根源。故当前亟待构建跨境资本宏观审慎政策体系，但首先需要厘清跨境资本影响我国经济与金融的机制与效应。现有研究关于跨境资本影响经济和金融稳定的机制主要有汇率波动渠道、货币供给渠道与银行信贷渠道。汇率波动渠道主要指短期跨境资本流动会对汇率波动产生影响，进而影响实体经济和金融市场稳定。主要表现为：短期跨境资本流入→本币升值预期增加→跨境资本加速流入→当跨境资本流动中转或逆转→汇率贬值→预期强化、过度调整→加剧国内金融市场的不稳定（Lin，2010；Jongwanich & Kohpaiboon，2013；Moore & Wang，2014；朱孟楠和刘林，2006）。货币供给渠道是指短期跨境资本大量流入会造成我国外汇占款大幅增长，由于冲销不及时、不完全、冲销难度大等，造成基础货币投放量增加，乘数效应下影响经济和金融体系。主要表现为：短期跨境资本流入→货币供给增加→投资、消费和资产价格增加→经济过热、金融不稳定（Bouvatier，2010；Calvo，2012；赵进文和张敬思，2013；Adalid & Detken，2016；王维安和钱晓霞，2016）。银行信贷渠道传导机制概况为：跨境资本流入→资产价格上涨→企业净值增加→信贷扩张→资本价格进一步上涨、实体经济扩张（Mckinnon & Pill，1996；Allen & Gale，2010；李力等，2016；Bruno & Shin，2015；Plantin & Shin，2016；何国华和李洁，2018；严佳佳和曾金明，2019）。

目前对跨境资本影响我国的三个渠道的研究已经较为深入，随着近年封

闭经济下宏观审慎政策研究的兴起，开放经济下跨境资金审慎研究也逐渐展开（晏丘，2012；Ozkan & Unsal，2014；伍戈和严仕锋，2015；肖卫国等，2016；张泽华和周闯，2019），但对跨境资本宏观审慎政策的研究仍处于起步阶段，主要聚焦在跨境资本宏观审慎政策工具有效性及与货币政策搭配效果研究上。我国目前跨境资本宏观审慎工具虽多，但究竟哪种工具效果更好并未有实证比较研究；跨境资本宏观审慎政策与货币政策搭配虽有研究，但其与汇率政策的搭配同样重要，因为跨境资本宏观流动必然通过汇率影响国内经济。另外，跨境资本影响我国的三个渠道的单独研究常见，但未见将三个渠道纳入一个框架综合研究。基于此，本书在理论分析与他国审慎经验总结基础上，综合考虑跨境资本影响我国经济金融的三个渠道，构建数量型与价格型跨境资本流动的宏观审慎监管框架。期望回答以下问题：跨境资本影响我国国内金融稳定渠道效应如何？跨境资本宏观审慎政策会影响货币政策的独立性与有效性吗？如何与当前我国的汇率、货币政策协调搭配？

第一节　理论分析与审慎管理经验总结

一、跨境资本引起系统性风险的路径分析

跨境资本扰动是引发系统性风险的潜在因素，资本流动通过正反馈循环以及部门之间风险传染，强化金融加速器机制与实体经济顺周期性。跨境资本流动影响国内经济的路径如图 6－1 所示。

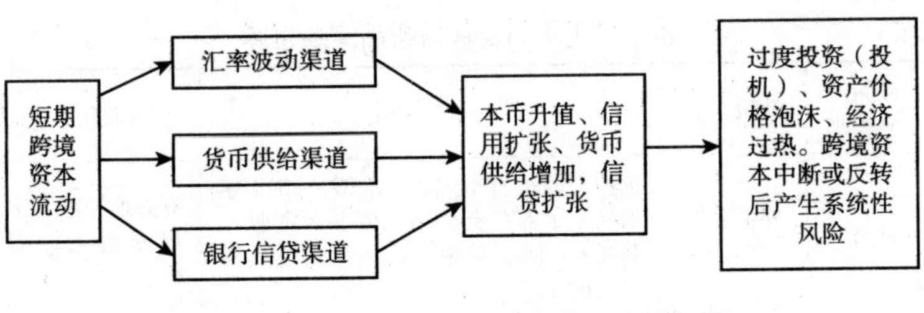

图 6－1　跨境资本流动影响国内经济的路径

汇率波动渠道角度：跨境资本流入使得外汇市场上人民币升值，境外市

场参与者强化对人民币汇率上行预期，投资（机）需求上升。快速的正循环效应使得外汇市场人民币总需求大于总供给，供不应求的情形使得人民币继续攀升。伴随人民币价格持续上涨，市场中的投资（机）需求不断增强，真实需求不断萎缩。货币供给渠道角度：跨境资本流入引起外汇占款增加，中央银行不完全冲销下货币供给增加，利率随之下降，资本品价格上涨，经济扩张。银行信贷渠道角度：跨境资本流入使得境内资产价格上升，进而使企业预期盈利能力、资产净值上升，融资条件改善，企业信贷扩张。此时，微观个体对经济形势易形成一致预期，过度投资（机）行为出现使得信贷规模愈发膨胀，市场呈现虚假的繁荣。

需要说明的是，在银行信贷的渠道中，投资水平依赖于企业的资产负债表状况，跨境资本流入降低内部融资成本，从而改善企业资产负债。在金融加速器机制作用下会进一步推动价格上涨，吸引更大的资本流入规模。一旦连锁式正反馈效应已经形成，这种不稳定的状态必然无法维持，高负债、高杠杆背景下一旦出现政策变化、市场参与者信心下降或者外部冲击等状况，“明斯基时刻”将会到来。

二、跨境资本宏观审慎管理的国际经验

世界各国在经历金融系统性风险后，一般都会对跨境资本进行监管。尤其是2008年金融危机后，各国均加强了跨境资本流动审慎管理，开发了各种审慎工具应对跨境资本流入流出，有效地稳定了汇率、缓解了经济波动，如表6-1所示。

表6-1　跨境资本宏观审慎政策的国际实践

国家	政策工具类型	政策工具	主要内容	政策效果评价
巴西	价格型	外汇兑换交易税	为应对跨境资本流入，2009~2012年对短期证券投资、国外债务等征收不超过6%的交易税，且税率随流入规模及时调整	有效地控制了本币升值；但减税未能阻止币值贬值
智利	数量型	无息准备金	为应对资本流入，1991~1998年要求投机性信贷等缴纳20%~30%准备金，比例随资本流动形势变化而调整	跨境资本流动的期限结构明显改善，汇率升值压力有效释放

续表

国家	政策工具类型	政策工具	主要内容	政策效果评价
韩国	价格型	外汇兑换交易税	为应对资本流入，2010 年开始限制外汇衍生品敞口头寸比例、对外币征收金融交易税、征收利率税等，比例随风险提升而加大	有效地控制了外债规模和投机性资本流入规模
马来西亚	价格型	外汇兑换交易税	为应对跨境资本流出，1999 年对证券投资征收特别费，投资时间越短费率越高	提升了投资者信心，但是流出效果难以识别
西班牙	数量型	无息准备金	为应对资本流出，对本币净卖出头寸征收 100%、期限一年的准备金	短期稳定了汇率，但是长期效果不明显
日本	数量型为主	限制总额、准备金	为应对跨境资本流入，二十世纪七八十年代日本政府设置机构投资者对证券投资额上限、设置其购买外币资产上限、设置准备金等措施	控制了日元升值与外汇储备增长过快的局面

资料来源：参考伍戈，严仕锋．跨境资本流动的宏观审慎管理探索——基于对系统性风险的基本认识［J］．新金融，2015（10）。根据 OECD（2015）、IMF（2011）等文献整理。

从以上经济体的实际经验来看，其针对跨境资本流动实施的宏观审慎监管工具主要有两类：第一，无息准备金。主要指对流入的非贸易外汇资金强制征收一定比例，并将该比例的资金用作无利息存款暂时保存，一定时间后再返回给该资本持有人。类似于国内的存款准备金政策特点，这是一种数量型宏观审慎监管工具。从表 6 - 1 看出，采取该政策后外汇资金流入出现了明显变化，对稳定汇率有明显的效果。一般而言，无息准备金制度用简单的税收杠杆调整经济行为，优于直接的行政管理措施，对改善短期资本流入、减少短期投机行为、维护国家宏观经济稳定起到了一定作用。第二，外汇兑换交易税。该税种是托宾税的一种，是对跨境资本流动进行价格型管理的最常见方式，意在缓解短期投机性资本引起的汇率大幅波动。通过对跨境资本征收交易税，能够限制跨境资本流动规模，稳定汇率和经济波动。综合来看，各种政策都有国家在实施，各种政策工具都有优点，但是也都存在缺陷。我国需要根据自身的实际情况来选择合适的政策工具，以稳定跨境资本的流动规模。

近年来，随着我国资本项目可兑换程度越来越高，跨境资本的流动管理也在悄然发生改变。中央银行在充分借鉴国外成熟经验基础上，将原来的以行政审批和总量控制监管变革为多种审慎工具相结合的监管模式。如2013年初，中国人民银行、国家外汇管理局针对外债和短期投机性国际资本等相继发布跨境资本审慎管理相关法规；2013年5月面对人民币过快升值与外汇储备过快增长，中央银行实施了规定结售头寸持有下限的政策；2015年“8·11”汇改后，面对巨大的贬值和国外资本出逃压力，中央银行对远期售汇业务的金融机构征收20%的外汇风险准备金；2017年中央银行又对全口径跨境资本审慎监管给出指导意见；2017年9月面对美元指数下降，中央银行将风险准备金比例降至0；2018年8月为应对外汇储备大幅下降，中央银行又将该比例升至20%。事后来看，我国中央银行面对国内经济状况和国际经济形势，主要积极运用外汇风险准备金政策，取得了明显的效果。显然还需进一步开发出更多宏观审慎政策工具，构建相关理论体系研究各种宏观审慎管理工具的政策效果。

三、跨境资本宏观审慎管理的国内经验

（一）2015年之前的实践

跨境资本的宏观审慎监管模式主要是根据银行结售汇业务管理来适时调整外汇交易成本。具体表现为：银行在为客户办理结售汇业务时赚取的收益需要在外汇市场进行转嫁风险，而外汇市场上的各类资产交易会影响到外汇储备及人民币汇率的持续波动。因此，国家外汇市场管理局对结售汇业务实施外汇头寸限额监管模式，可以国际收支情况、外币资金量、结售汇业务交易量和持有资产的规模等影响因素来控制外汇的头寸交易额。2010年10月，我国银行与外来客户频繁进行结汇业务。赚取的收益在外汇市场上转移风险，使得中国人民银行购汇的增速上涨，加剧了外汇市场的不平衡。因此，同年11月，国家外汇管理局对外汇头寸额规定了最低持有标准，从而控制了频繁进行结汇业务带来的市场风险。在此基础上进一步上调外汇交易费率，以此达到规范客户外汇业务行为的目的。2011年7月，我国银行外汇顺差规模增速较快。基于此，外汇管理局出台了一系列监管措施。如提高外贸交易的资本流入的审核标准、鼓励公司贸易出口的收益存放在国外及实施个人外汇业务的信用管理等。为应对2013年我国外汇流入规模过大的情况，

政府开始要求外汇头寸额必须与外汇存贷款有所关联。结合以上分析可以看出，我国对外汇市场的结售汇业务监管从偏微观层面的银行与客户的行为向偏宏观层面的外汇总量转变，有利于防范市场的系统性风险；从偏政策管理向偏利用杠杆原理转变，有利于市场机制发挥更加明显的作用。

（二）2015 年之后的实践

我国跨境资本宏观审慎管理实际始于 2015 年。从 2015 年开始，我国渐渐把跨境资本流动纳入宏观经济政策监管框架。在我国经济增速缓慢与美联储预期未来增加利息的双重影响下，2014 年 4 月开始我国跨境资本流动情况由原来的净流入转向净流出。特别是在 2015 年 8 月外汇改革后，预期人民币汇率大幅度贬值，大量客户与银行往来远期售汇业务，从而引起银行售汇规模迅速扩大。2015 年 8 月，银行售汇业务的交易量高达 789 亿美元，是上个月交易量 319 亿美元的 2.5 倍。这种售汇规模迅速扩张的主要原因是外汇市场具有投机性。市场对外汇的需求猛增从而引起人民币汇率贬值，而人民币贬值则导致客户与银行频繁往来远期售汇业务。在预期的人民币汇率贬值情况下，不少资本从国内流出。为了缓解人民币贬值带来的压力和抑制外汇市场投机行为，2015 年 8 月中国人民银行适时制定及调整了跨境资本宏观审慎管理政策：银行、证券公司等金融机构需要缴纳售汇交易额的 20% 作为无息外汇风险保证金。这一政策工具提高了银行等金融机构的交易成本，使得金融机构不得不让外汇市场的投资者承担成本，进一步控制价格来防止投资者的做空行为。同年，上海贸易试验区跨境资本流动的审慎监管措施成功实施。2016 年 4 月，全国各类金融机构跨境资本融资都被纳入这种本外币一体化的监管模式中。2016 年 5 月，国家外汇管理局实行跨境资本流动的宏观审慎监管制度。2017 年 5 月，由于人民币汇率面临持续波动的压力，中国人民银行新增逆周期调节因子。随后市场出现了好转，宏观审慎监管工具渐渐淡出。直到 2018 年下半年，我国外汇市场遭受了新的严重冲击，以至于包含“逆周期调节因子”等管理跨境融资的审慎监管工具再次干预外汇市场。近年来，中国人民银行根据跨境资本流动形态与人民币汇率波动幅度，较为频繁地动态调整外汇存款准备金率和无息风险准备金率，取得了不错的效果。

2013～2022 年我国跨境资本宏观审慎工具应用如表 6－2 所示。

表 6－2　　　　我国跨境资本宏观审慎工具应用

时间	政策工具	主要内容	政策效果评价
2013 年 5 月	限制外汇头寸	应对人民币升值、外汇占款和外汇贷款快速增长，采取规定银行没有接受汇综合头寸的持有下限	外汇储备快速增长得到有效缓解
2015 年 8 月	无息风险准备金	为应对人民币短期快速贬值和外资出逃，对远期售汇业务的金融机构征收 20% 的外汇风险准备金	有效降低了外汇市场波动幅度
2016 年 5 月	跨境融资杠杆率、宏观审慎调节参数、风险转换因子等	为开展本外币一体化的宏观审慎管理，中央银行适时调整跨境融资杠杆率、宏观审慎参数等指标。同时，将主体借款额度与自身资本量以及偿债能力挂钩，以调节宏观审慎参数，进而对跨境融资进行管理	拓宽了中资企业融资渠道，缓解融资难和融资贵；降低了外债管理成本
2017 年 1 月	全口径跨境资本管理基础上再限制跨境融资债务上限	中央银行继续完善全口径跨境资本管理，并将企业外债额度上限确定为净资产的 2 倍，内保外贷公允价值按 20% 计人风险融资加权余额，并将境内各类金融机构纳入管理范围	达到以上效果基础上，还降低了跨境资金流动风险，维护国际收支平衡
2017 年 9 月	无息风险准备金	面对美元指数下降，中央银行将外汇风险准备金比例降至 0	有利于降低企业购汇成本，增强人民币汇率的双向波动
2018 年 8 月	无息风险准备金	为应对外汇储备大幅下降、人民币大幅贬值，中央银行又将外汇风险准备金比例升至 20%	一定程度上缓解了外汇投机行为和降低人民币贬值预期
2020 年 10 月	无息风险准备金	将远期售汇业务的外汇风险准备金率从 20% 下调为 0	保持汇率以市场供求为基础双向浮动，增强弹性，市场预期平稳，跨境资本流动有序，外汇市场运行保持稳定
2021 年 5 月	外汇存款准备金	外汇存款准备金率由现行的 5% 提高到 7%	调节外汇市场供求压力，打击投机外汇交易，抑制热钱流入和缓解人民币升值压力
2021 年 12 月	外汇存款准备金	外汇存款准备金率由现行的 7% 提高到 9%	
2022 年 4 月	外汇存款准备金	外汇存款准备金率由现行的 9% 下调至 8%	缓解人民币贬值压力

资料来源：根据高秀成，张靖，刘飞．跨境资本流动的宏观审慎管理工具研究［J］．经济问题，2018（4）：22－25；王兴华．跨境资本流动、系统性风险与宏观审慎工具启停时机［J］．会计与经济研究，2020（1）：96－110 整理。

中国国家外汇管理局在分析 2015 年以来市场多次强势冲击的经验后，提出了“宏观审慎—微观监管”的跨国融资总体框架。其核心内容分为：第一，“打开的窗户”不会再关上。2017 年 2 月，政府当局表示我国外汇管理不会后退，也不会再走到资本管制的老路上，将会持续坚持和推动金融市场的双向开放。第二，实施宏观审慎监管工具管理跨境资本流动。以市场为导向逆向调整金融市场顺周期波动，有效防止全球经济金融风险在各个外汇市场、各种金融机构、各种货币间以及各个国家内蔓延。第三，促进外汇市场微观调控转型。调整微观政策监管跨国资本流动的方式，保证相关政策及执行标准的稳定性、可预测性，依法维护市场安全秩序，重点断绝洗钱、恐怖主义融资及逃税活动。

第二节　理论框架构建与参数估计

一、理论框架构建

下面在经典文献奥布斯特费尔德和罗格夫（Obstfeld & Rogoff，1995）、伯南克等（Bernanke et al.，1998）、加利和莫纳切利（Galí & Monacelli，2005）基础上，基于跨境资本影响国内经济的三大机制以及跨境资本宏观审慎工具的经验总结，构建包含汇率渠道、货币供给渠道和信贷金融加速器渠道的小型开放 DSGE 框架，并将逆风向特征数量型和价格型审慎工具纳入框架。

（一）国内居民

设定国内代表性家庭的效用函数为 MIU 形式：

$$\max: E_0 \sum_{t=0}^{\infty} \beta^t \left[\frac{c_t^{1-\sigma}}{1-\sigma} + \frac{(M_t/P_t)^{1-v}}{1-v} - \frac{l_t^{1+\varphi}}{1+\varphi} \right] \tag{6-1}$$

其中，β 为贴现因子，变量 c_t、n_t、M_t/P_t 分别代表实际消费、劳动力数量和居民持有的实际货币余额。

国内代表性家庭消费品来自国内商品和国外商品，即 $c_t = \Big[\gamma^{\frac{1}{\eta}} (c_{h,t})^{\frac{\eta-1}{\eta}} +$

$(1-\gamma)^{\frac{1}{\eta}}(c_{f,t})^{\frac{\eta-1}{\eta}}\Big]^{\frac{\eta}{\eta-1}}$。因此国内的价格满足 $P_t = \Big[\gamma(P_{h,t})^{1-\eta} + (1-\gamma)(P_{f,t})^{1-\eta}\Big]^{\frac{1}{1-\eta}}$，其中，$c_{h,t}$ 和 $c_{f,t}$ 分别表示国内消费商品和国外进口商品的消费量；$P_{h,t}$ 和 $P_{f,t}$ 分别为国内消费价格指数和国外进口价格指数；参数 $1-\gamma$ 为进口消费品比例；η 为国内外消费品的替代弹性。由于我国存在资本管制，因此设定国内居民无法到国际金融市场购买国外债券，设定国内居民面临如下约束条件：

$$P_tC_t + B_t + M_t = R_{t-1}B_{t-1} + W_tl_t + M_{t-1} \tag{6-2}$$

其中，B_t、W_t、R_t 分别表示居民持有国内存款、名义工资和利率。居民选择最优的消费量、劳动供给量、存款和货币持有量来实现预期效用和的贴现最大：

$$c_t^{\sigma}l_t^{\varphi} = \frac{W_t}{P_t} \tag{6-3}$$

$$\left(\frac{M_t}{P_t}\right)^{-v}c_t^{\sigma} = \frac{R_t - 1}{R_t} \tag{6-4}$$

$$\beta R_t\left(\frac{c_{t+1}}{c_t}\right)^{-\sigma}\frac{P_t}{P_{t+1}} = 1 \tag{6-5}$$

式（6-3）为居民的劳动供给方程，式（6-4）为居民的货币需求方程，式（6-5）为居民的最优消费路径方程。

（二）生产部门

1. 企业家。参考伯南克等（Bernanke et al.，1998）的设置，企业家管理批发产品企业。批发产品企业使用劳动、资本和技术进行生产。企业家需要为企业融资来购买资本品，融资过程中企业家使用自有资金进行杠杆融资贷款。一个企业家每期生存的概率为 ζ，因此预期生存的期限为 $1/(1-\zeta)$。该假设能保证企业家的净值不能够完全融到足够的资金，因此需要企业被淘汰。现实中，这种假设也合理。

每一期期末，企业家购买资本为 k_{t+1}，用于下一期的生产过程，该资产

的真实价格为 q_t 。因此，购买的资本总额为 $q_t k_{t+1}$ 。要购买该总量的资本需要部分依靠融资，融资时企业的净值为 n_{t+1} ，因此需要从金融中介融资额为 $q_t k_{t+1} - n_{t+1}$ 。金融中介从居民获得存款，需要支付的利息为 R_t ，该利率为无风险利率。

企业家对资本的需求依赖于资本的边际收益与融资成本。企业家的融资预期收益为：

$$E_t f_{t+1} = E_t \left[\frac{r_{t+1}^k + (1-\delta) q_{t+1}}{q_t} \right] \tag{6-6}$$

其中，r_{t+1}^k 表示 $t+1$ 期生产过程中的资本边际生产率，δ 表示资本的折旧率。$(1-\delta)q_{t+1}$ 表示一单位资本在 $t+1$ 期的价值。

这表明企业家的融资预期收益分为两个部分：第一个部分是企业生产的资本边际收益，第二个部分是资产价格上升带来的收益。

由于信贷市场存在信息不对称，企业家外部信贷融资时的融资成本高于无风险利率，存在风险溢价。融资成本依赖于总杠杆率，杠杆率越高企业的融资成本越高。因此企业的融资成本可以表示为：

$$E_t f_{t+1} = E_t \left[\frac{Z(\cdot) R_t}{\pi_{t+1}} \right] \tag{6-7}$$

其中，$E_t \left(\frac{R_t}{\pi_{t+1}} \right)$ 表示期望的真实利率，$Z(\cdot)$ 表示风险溢价函数。

式（6－7）中包含了金融加速器机制，该机制主要由函数 $Z(\cdot)$ 来体现。风险溢价函数 $Z(\cdot)$ 要体现企业的融资约束越紧，融资成本越高。因此设置其为杠杆率的增函数：

$$Z(\cdot) = Z\left(\frac{q_t k_{t+1}}{n_{t+1}} \right) = \tau \frac{q_t k_{k+1}}{n_{t+1}},\ Z'(\cdot) > 0,\ Z(1) = 1,\ \tau > 0 \tag{6-8}$$

其中，$\frac{q_t k_{t+1}}{n_{t+1}}$表示杆杠率，$\tau = 0$ 表示无金融加速器效应，企业的融资仅靠内部融资。

综合式（6－7）和式（6－8）表明：随着杠杆率上升，风险溢价上升，贷款成本增加，贷款额随着资产价格提高而增加，贷款额增加导致企业投资增加，刺激总需求。最终形成经济过热，资产价格过高，容易产生金融风险。式（6-8）阐释了跨境资本流入影响我国经济的信贷金融加速器渠道：当跨境资本流入我国，资本品价格上升，融资成本与杠杆率都下降，企业的融资环境会改善。

金融加速器中还有一个很重要的变量即企业净值（n_{t+1}）。参照伯南克（Bernanke et al.，1998），总的企业净值为：

$$n_{t+1} = \zeta v_t + (1-\zeta) g_t \tag{6-9}$$

其中，v_t 代表存活的企业 t 期的资本价值与借款成本差，$(1-\zeta)$ 代表新进入的企业的份额，g_t 代表新进入企业的种子资金，为消亡或离开市场的企业的资本投入。v_t 表示为：

$$v_t = f_t q_{t-1} k_t - E_{t-1} f_t (q_{t-1} k_t - n_t) \tag{6-10}$$

其中，f_t 为 t 期事后的真实资本回报率，$E_{t-1} f_t = E_{t-1}\left[\frac{Z(\cdot)R_t}{\pi_{t+1}}\right]$ 为 $t-1$ 期末的借款真实成本。

企业家管理的批发品企业面对相同的技术水平（a_t），租用一定的劳动力（l_t）和从资本品生产商处购买资本品（k_t）进行生产，生产函数为：$y_t = a_t k_t^{\alpha} l_t^{1-\alpha}$。技术水平受到冲击：

$$\log(a_t) = (1-\rho_a)\log(a) + \rho_a \log(a_t) + \varepsilon_{a,t} \tag{6-11}$$

企业家在完全竞争市场上售出其生产的产品，产品价格等于其名义边际成本。企业家最大化其利润得到劳动需求和资本需求方程：

$$w_t = (1-\alpha)\lambda_t \frac{y_t}{l_t} \tag{6-12}$$

$$r_t^k = \alpha \lambda_t \frac{y_t}{k_t} \tag{6-13}$$

式（6-12）和式（6-13）中，λ_t 为生产函数相连的拉格朗日因子，表示实际边际成本，得到边际成本为：

$$\lambda_t = mc_t = \frac{(r_t^k)^{\alpha}(w_t)^{1-\alpha}[\alpha^{-\alpha}(1-\alpha)^{1-\alpha}]}{a_t} \tag{6-14}$$

2. 资本品生产商。资本品生产商部门使用投资品（i_t）进行生产，生产资本品在 t 期末出售。资本品生产商购买投资品（i_t），生产有效资本品（$q_t i_t$），与折旧后的资本共同生产得到 k_{t+1}。参考基约塔基和摩尔（Kiyotaki & Moore，1997），设定生产过程中受到二次可调成本的约束，单位二次可调成本函数为 $\frac{\chi}{2}\left(\frac{i_t}{k_t}-\delta\right)^2$，其中，$\delta$ 为资本折旧率。

资本品生产商在利润最大化下选择最优的投资品（i_t），

$$\max_{i_t} E_t\left[q_t i_t - i_t - \frac{\chi}{2}\left(\frac{i_t}{k_t}-\delta\right)^2 k_t\right] \tag{6-15}$$

得到最优的资本品价格满足：

$$E_t\left[q_t - 1 - \chi\left(\frac{i_t}{k_t}-\delta\right)\right] = 0 \tag{6-16}$$

式（6-16）为标准的 Tobin Q 方程，解释了资产价格与资本可调成本的关系。资本可调成本会降低不同冲击对投资的影响，直接影响资产价格。缺少资本可调成本的条件下，式（6-16）中资本价格 q_t 等于 1。因此，资产可调成本允许资产价格可变，资产价格的变化将会对企业家的净值产生影响。

资本的数量和价格由资本市场决定。企业家对资本品的需求曲线为式（6-6）和式（6-7），资本品供给曲线为式（6-16）。资本的转移方程为：

$$k_{t+1} = i_t + (1-\delta)k_t \tag{6-17}$$

3. 零售商。引入零售商企业的目的是引入价格黏性。零售商从批发商处购买产品并将其加工成零售品，然后在垄断竞争市场上出售这些产品给居民和资本品生产商。参照卡尔沃（Calvo，1983），设定每一期每个企业有 $1-\rho$ 的概率选择最优的价格，ρ 的概率保持价格不变。因此，价格保持不变的时间为 $1/(1-\rho)$，则 t 期国内生产的商品价格对应的通货膨胀率波动 $\hat{\pi}_t^h$ 满足式（6-18）：

$$\hat{\pi}_t^h = \lambda^h \hat{\xi}_t^h + \beta E_t \hat{\pi}_{t+1}^h \tag{6-18}$$

其中，$\hat{\xi}_t^h = P_{W,t}/P_{h,t}$，$\lambda^h = (1-\rho)(1-\beta\rho)/\rho$。$P_{W,t}$ 为国内批发商品价格。

本国进口的外国商品的通货膨胀率波动 $\hat{\pi}_t^f$ 满足式（6-19）：

$$\hat{\pi}_t^f = \lambda^f \hat{\xi}_t^f + \beta E_t \hat{\pi}_{t+1}^f \tag{6-19}$$

设定国内外商品具有相同的价格黏性，则用 CPI 表示的国内商品价格通货膨胀率 $\hat{\pi}_t$ 满足表达式（6-20）：

$$\hat{\pi}_t = \gamma \hat{\pi}_t^h + (1-\gamma)\hat{\pi}_t^f \tag{6-20}$$

（三）跨境资本投资商行为

当前我国主要对短期跨境投机性资本进行管理。为简化分析，假定国外跨境资本投资商面临两个项目选择：第一个项目是进入我国投资金融产品，第二个项目是在本国投资金融产品。国外资本是否要跨境投资，取决于其进入我国投资获得的收益是否超过其在本国投资的收益。设定跨境资本投资商使用外币计价的 $D_{f,t}$ 资本购买国内金融资产并在本期内留存在国内，下期将收益带出国。本书不区分跨境资本流入我国具体投资哪些金融资产，设定一篮子金融资产的收益与我国存款收益成正比，为方便分析设定比例系数为 1。因此，每一期单位国外资本进入获取的收益为：

$$\Omega_t = R_t \frac{S_t}{S_{t+1}} \tag{6-21}$$

其中，S_t 为直接标价法计价。

参考现有文献杰曼和夸德里尼（Jermann & Quadrini，2012）、贝尼斯等（Benes et al.，2015）、王爱俭和邓黎桥（2016）等，国外跨境资本投资时存在可调成本 $C(D_{f,t}) = \frac{1}{2}\vartheta\left(\frac{D_{f,t}}{\bar{D}} - 1\right)^2 D_{f,t}$。这表明投资偏离稳态就需要支付 $\frac{1}{2}\vartheta\left(\frac{D_{f,t}}{\bar{D}} - 1\right)^2$ 比例的成本，其中 $\bar{D}$ 为稳态值。设定若跨境资本留在国内进行投资，其投资收益也设为关于国外利率的正比例，且比例子数为 1，即 $\Omega_t = R_{f,t}$。于是均衡状态当成本等于收益时得到对数线性化结果：

$$\hat{D}_{f,t} = \frac{\bar{R}}{\vartheta}(\hat{R}_t + \hat{S}_t - \hat{S}_{t+1} - \hat{R}_{f,t}) \tag{6-22}$$

式（6－22）表明，其他条件不变下，国内利率上升则跨境资本数量增加，国外利率上升则跨境资本流入减少，人民币预期升值则跨境资本流入增加。这与刘仁伍等（2011）的思路相同：跨境资本的数量设定与国内外资本收益的差异成正比：

$$D_{f,t} = \tau(R_t - R_{f,t}) \tag{6-23}$$

其中，τ 为资本收益变动系数。

可以看出，若不存在可调成本则无抛补利率平价定律成立。式（6－23）为跨境资本流入我国影响国内经济的一个重要渠道——汇率渠道。具体的解释：当国外利率下降时，国内金融产品的收益率将高于国外金融产品的收益率，在资本自由流动下跨境资本将会流入国内，外汇市场上此时大量买入本币，对本币的需求将增加，人民币将升值，直到重新达到均衡。这种升值效应会对国内经济产生影响。

（四）货币政策与跨境资本宏观审慎政策

1. 货币政策。

$$\widehat{R}_t = \rho_R \widehat{R}_{t-1} + (1-\rho_R)[\rho_\pi E\widehat{\pi}_{t+1} + \rho_y \widehat{y}_t + \rho_Q \widehat{Q}_t - \rho_{Df} \widehat{D}_{f,t}] + \varepsilon_t^R \tag{6-24}$$

其中，$\hat{\pi}$，$\hat{y}$ 分别表示通货膨胀和产出的波动，ε_t^R 表示利率冲击。

当前宏观审慎政策研究的一个重要问题是：是否应在传统的货币政策调控目标基础上增加重要的金融变量来提升政策调控效果？为在本框架下讨论该问题，本书在传统货币政策基础上，再增加跨境资本波动作为货币政策的一大目标：

$$\widehat{R}_t = \rho_R \widehat{R}_{t-1} + (1-\rho_R)[\rho_\pi E\widehat{\pi}_{t+1} + \rho_y \widehat{y}_t + \rho_Q \widehat{Q}_t - \rho_{Df} \widehat{D}_{f,t}] + \varepsilon_t^R \tag{6-25}$$

其中，$\rho_{Df} > 0$ 反映政策的逆风向性。因为按照前面设定，$\widehat{D}_f > 0$ 表示跨境资本流入国内数量增加。$\rho_{Df} > 0$ 表示当国内短期跨境资本流入规模增加时，通过降低国内利率以达到降低跨境资本投资（机）的收益率，逆风向干预来稳定跨境资本规模。

2. 跨境资本宏观审慎政策。自国际货币基金组织（IMF，2011）提出应对跨境资本流动的“资本流动管理政策”后，相关研究越来越多。珍妮（Jeanne，2014）基于宏观审慎视角研究跨境资本流动与系统性风险的关系，认为跨境资本流动异常易引发系统性风险，而跨境资本审慎政策能有效应对这种局面。科里尼克和桑德里（Korinek & Sandri，2016）梳理了各国资本流动管理实践，指出资本流动宏观审慎管理确实能有效控制资本流动，保持其在均衡合理的水平。在短期国际资本流动加剧背景下，围绕跨境资本流动管理的宏观审慎政策成为一个重要研究焦点，近年来国内学者对其进行了有益探讨。在特定情况下，发达国家运用宏观审慎政策进行跨境资本流动管理早已达成国际共识，我国应该借鉴成熟经验不断完善我国的监管模式（金满涛，2018）。施琍娅（2015）认为当宏观数据超出安全阈值时会触发相应预警机制，使跨境资金流动产生显著变化，需开放实施针对跨境资金流动的宏观审慎管理。王书朦（2015）、景麟德（2018）、李婧和刘瑶（2019）梳理了跨境资本宏观审慎管理的国际经验，发现跨境资本流动宏观审慎管理能预防大规模跨境资本流动产生的潜在不利影响。何淑兰和王聪（2017）分析了我国跨境资本流动现状，提出需加强跨境资本流动管理的“双支柱”协调以提高政策效果。

本书设定跨境资本宏观审慎政策思路为：改变跨境资本的套利成本来调控跨境资本的流动规模，按照逆风向原则进行审视监管来稳定跨境资本的流动。跨境资本宏观审慎政策设为短期跨境资本需要缴纳一定比例的无息准备金，设定准备金率为μ_t。要求银行需要把客户做远期购汇业务美元的名义本金部分存入中央银行，存期为一年，这变相地提高了跨境资本的成本。则均衡状态对数线性化为：

$$\widehat{D}_{f,t} = \frac{\overline{R}}{\vartheta}(\widehat{R}_t + \widehat{S}_t - \widehat{S}_{t+1} - \widehat{R}_{f,t} - u_t) \tag{6-26}$$

类似于货币政策设置：以利率作为工具，对通货膨胀和产出的稳定逆风向干预。下面设定准备金为数量型政策工具，设定逆风向干预跨境资本宏观审慎政策方程为：

$$u_t = \rho_\mu \widehat{D}_{f,t}, \rho_\mu > 0 \tag{6-27}$$

式（6-27）中，$\rho_\mu>0$表示跨境资本流入增长越快，则收取的准备金越高，体现逆风向性。$\rho_{\mu}=0$ 表示没有对跨境资本增长率的变化改变准备金，即没有实施跨境资本宏观审慎政策。

（五）产品市场出清与国际收支平衡

1. 产品市场出清。本国经济体的总产出主要用于国内消费、国内投资和出口。因此：

$$y_t = c_{h,t} + i_t + ex_t + \frac{\chi}{2}\left(\frac{i_t}{k_t} - \delta\right)^2 \tag{6-28}$$

根据格特勒等（Gertler et al.，2007）的假设，本国出口由其上一期需求以及汇率、国外需求决定，但由于本书假设国外需求完全外生，因此省去，得到：$ex_t = ex_{t-1}^{Q} s_t^{\phi}$，其中，$Q$ 表示出口需求的惯性，参数 $\phi>0$ 刻画了汇率对出口的影响。

2. 国际收支平衡。金融市场上，短期资本流动以存款或者购买东道国金融资产进行套汇、套利等活动为主，中央银行通过结售汇制度维持中央银行资产负债表的平衡。中央银行资产端是外汇持有量的变化，负债端为货币。跨境资金流动将会引发一国外汇占款规模的变化，设定中央银行没有对跨境资本流入增加的外汇占款进行冲销，因此中央银行负债的增加等于外汇资产的增加：

$$M_t - M_{t-1} = S_t D_{f,t} - R_t S_{t-1} D_{f,t-1}(1-u_t) - u_t S_{t-1} D_{f,t-1} + ex_t P_{ht} S_t - c_{ft} P_{ft} \tag{6-29}$$

其中，$R_t S_{t-1} D_{f,t-1}(1-u_t)$ 表示 $S_{t-1} D_{f,t-1}$ 规模的跨境资本从国内获得的回报；$u_t S_{t-1} D_{f,t-1}$ 表示跨境资本准备金，由于是无息准备金导致其不会获得收益；$ex_t P_{ht} S_t - c_{ft} P_{ft}$ 为净出口。

（六）冲击描述

本章包含国内技术冲击、国外利率冲击、国内利率冲击三个冲击，设定各冲击的自回归系数均为 0.9。

二、参数校准

按照 DSGE 研究范式，对静态参数采用校准法估计，而对动态参数采用贝叶斯估计。本书中的动态参数涉及货币政策参数与跨境资本宏观审慎政策参数，但是我国近年才实施跨境资本宏观审慎，甚至有些政策并没有开始实施。因此，采用样本数据估计跨境资本宏观审慎参数值不现实。鉴于此，本书所有参数采用校准法进行估计。本章变量的大部分稳态值均由模型推导获得，但对于通货膨胀、利率等变量稳态值采用样本期的均值获得。选择样本期 1996Q1 ~2022Q4，数据来源于中国人民银行网站和国家统计局网站。本章需要校准的参数如表 6 -3 所示。

表 6 -3　　参数的校准估计

参数	含义	校准值	参考来源
$\overline{R}$	国内利率稳态值	1.03	样本均值
β	居民的贴现率	0.97	由式（6 -1）计算得到
σ	消费的跨期替代弹性倒数	1.5	王彬（2010）
ν	真实货币需求对利率的弹性倒数	2	张卫平（2012）
φ	劳动供给对真实工资的弹性倒数	1	刘斌（2014）
γ	本国消费品在篮子中的比重	0.74	刘斌（2014）
η	国内产品与国外产品的替代弹性	0.6	刘斌（2014）
ζ	每一期企业家每期生存的概率	0.97	伯南克等（Bernanke et al.，1998）
δ	季度折旧率	0.03	按年度折旧 12% 计算
τ	企业家贷款风险溢价函数系数	0.01	袁申国等（2012）
α	劳动份额	0.5	李成等（2010）
χ	投资二次可调成本系数	0.7	袁申国等（2012）
ρ	不能调整价格的厂商比重	0.75	刘斌（2014）
Q	出口需求的惯性系数	0.75	格特勒等（Gertler et al.，2007）
ϕ	出口需求的价格弹性	0.79	范金等（2004）
$\overline{Z}$	风险溢价稳态值	1.0056	袁申国等（2012）
$\overline{f}$	稳态真实资本回报率	1.004	式（6 -10）计算得到
$\overline{r^k}$	资本的边际收益稳态值	0.065	式（6 -6）计算得到
$\overline{k}/\overline{n}$	稳态的资本与资产净值比率	2.38	袁申国等（2012）

参考文献设定实际边际成本稳态值为 0.91；技术水平稳态值为 1，所有涉及的价格稳态值都为 1，因此通货膨胀稳态值为 1，汇率稳态值也为 1。设定 $\overline{u}=0$，$\overline{\psi}=0$ 即在均衡状态下不存在跨境资本审慎政策。这种设置的目的

还在于无论使用数量型还是价格型工具，整个模型各参数校准值是统一的，意味着变量参数值不会因为使用数量型或者价格型工具而改变。其他变量稳态值求解如下：由式（6－14）得到 $\overline{w}=\left[\frac{\overline{mc}\alpha^{\alpha}\ (1-\alpha)^{1-\alpha}}{\overline{r^{k}}^{\alpha}}\right]^{1/(1-\alpha)}=5.94$，由式（6－12）得到 $\frac{\overline{l}}{\overline{y}}=(1-\alpha)\ \frac{\overline{mc}}{\overline{w}}=0.077$，由式（6－13）得到 $\frac{\overline{k}}{\overline{y}}=\alpha\frac{\overline{mc}}{\overline{r^{k}}}=13.05$，由式（6－15）得 $\overline{q}=1$，由式（6－13）与式（6－17）得到 $\frac{\overline{i}}{\overline{y}}=\delta\times\frac{\overline{k}}{\overline{y}}=0.39$。根据袁申国（2012）、刘斌（2012）等设定长期稳态 $\frac{\overline{ex}}{\overline{y}}$ 占比为 24%，则 $\frac{\overline{c_h}}{\overline{y}}=1-\frac{\overline{i}}{\overline{y}}-\frac{\overline{ex}}{\overline{y}}=0.37$，$\frac{\overline{c}}{\overline{y}}=\frac{\overline{c_h}}{\overline{y}}/\gamma=0.52$，$\overline{y}^{\sigma+\varphi}=\overline{w}\left(\frac{\overline{c}}{\overline{y}}\right)^{-\sigma}\left(\frac{\overline{l}}{\overline{y}}\right)^{-\varphi}=8.37$，$\overline{c}=4.4$，$\overline{i}=3.28$，$\overline{ex}=2$，$\overline{M}=16.54$，$l=0.64$，$\overline{c_h}=3.08$，$\overline{c_f}=1.32$。由于式（6－22）或者式（6－23）无法计算得到 $\overline{D_f}$，因此必须事先使用其他方法得到一个变量的稳态值。根据现有计算发现净出口占比 $\frac{\overline{ex}}{\overline{y}}=\frac{\overline{c_f}}{\overline{y}}$ 为 8.1%。则可以根据式（6－25）得到 $\frac{\overline{D_f}}{\overline{y}}=\left(\frac{\overline{ex}}{\overline{y}}-\frac{\overline{c_f}}{\overline{y}}\right)/(\overline{R}-1)=2.7\%$，因此 $\overline{D_f}=0.23$，得到 $\overline{D_f}/\overline{y}=0.027$。姜哲和张靖（2019）、王维安和钱晓霞（2017）估算我国跨境资本流动规模占 GDP 比重均值约为 3%。该估计结果与本书的校准值非常接近，实证结果显示该值在一定范围内取值不影响研究结论。由于我国实施跨境资本宏观审慎政策的时间短，跨境资本宏观审慎政策方程中的系数取值无法通过长期的样本数据来估计。本书根据经济意义设定参数为 0.1，取其他值不会对模拟结果的正负方向及结论产生影响。

第三节　模拟分析

一、跨境资本流入影响我国经济的机制研究

跨境资本大规模扰动首先将冲击汇率，因此最重要的一个渠道是汇率渠

道，跨境资本大幅流入导致人民币升值，通过外汇市场影响国内金融稳定，通过净出口阻碍经济增长；第二个渠道是货币供给渠道，因为跨境资本流入在我国当前结售汇制度下会增加我国的基础货币，乘数效应下放大货币供给量；第三个渠道是银行信贷渠道，跨境资本流入会引起资本品价格上升，企业的信贷约束条件会得到缓解，企业信贷和投资大幅提升。下面逐一模拟验证这些理论机制是否成立，还从汇率制度、外汇占款冲销、金融加速器角度来研究跨境资本冲击的效果，为实现双稳定提供不同角度的政策思考。

（一）汇率渠道研究

研究跨境资本流入通过汇率渠道影响国内经济，需要侧重研究其是否具有逆周期性，并且汇率弹性越大，逆周期性越强。即随着跨境资本流入，人民币将出现升值，有助于通过贸易渠道缓解跨境资本带来的经济波动和金融波动。因此从变量选择上，选择产出、通货膨胀、汇率、出口来度量汇率的贸易渠道，选择资产价格、杠杆率反映通过金融渠道对金融环境的影响。按照逆周期性规律，相对而言，若允许汇率浮动程度越大，则跨境资本的流动规模越大，导致跨境资本流入的顺周期性被汇率渠道的逆周期性影响抵消越大。基于此，下面模拟当前的管理浮动汇率制度和完全浮动汇率制度下的跨境资本流动脉冲响应差异。

如图 6－2 所示，跨境资本流入具有明显的顺周期性，导致产出和通货膨胀上升；跨境资本流入引起人民币升值，出口受到抑制；跨境资本流入的顺周期性导致投资增加，因此投资品价格上升；同时跨境资本流入会缓解国内企业的融资约束条件，降低杠杆率。需要指出的是，杠杆率的降低主要是资本品价格上涨，企业的自有资本升值（净值）导致。当遭遇跨境资本的突然转向流出时，这种杠杆率的下降将不复存在，届时资本品价格将迅速下降。产生顺周期的原因主要是：当国外利率下降引起跨境资本流入，在中央银行的资产负债平衡下国内货币供给扩展，通过刺激居民消费、企业投资等引起产出和通货膨胀上升。另外，资产价格的上涨带来杠杆率下降等融资约束条件的放松，在金融加速器渠道下会刺激企业增加信贷与投资，也引起产出和通货膨胀上升。显然，若以当前管理浮动汇率制度下的模拟图为基准，则将完全浮动汇率制度下的脉冲图数值减去基准数值，可以看出对产出和通货膨胀都是逆周期性。

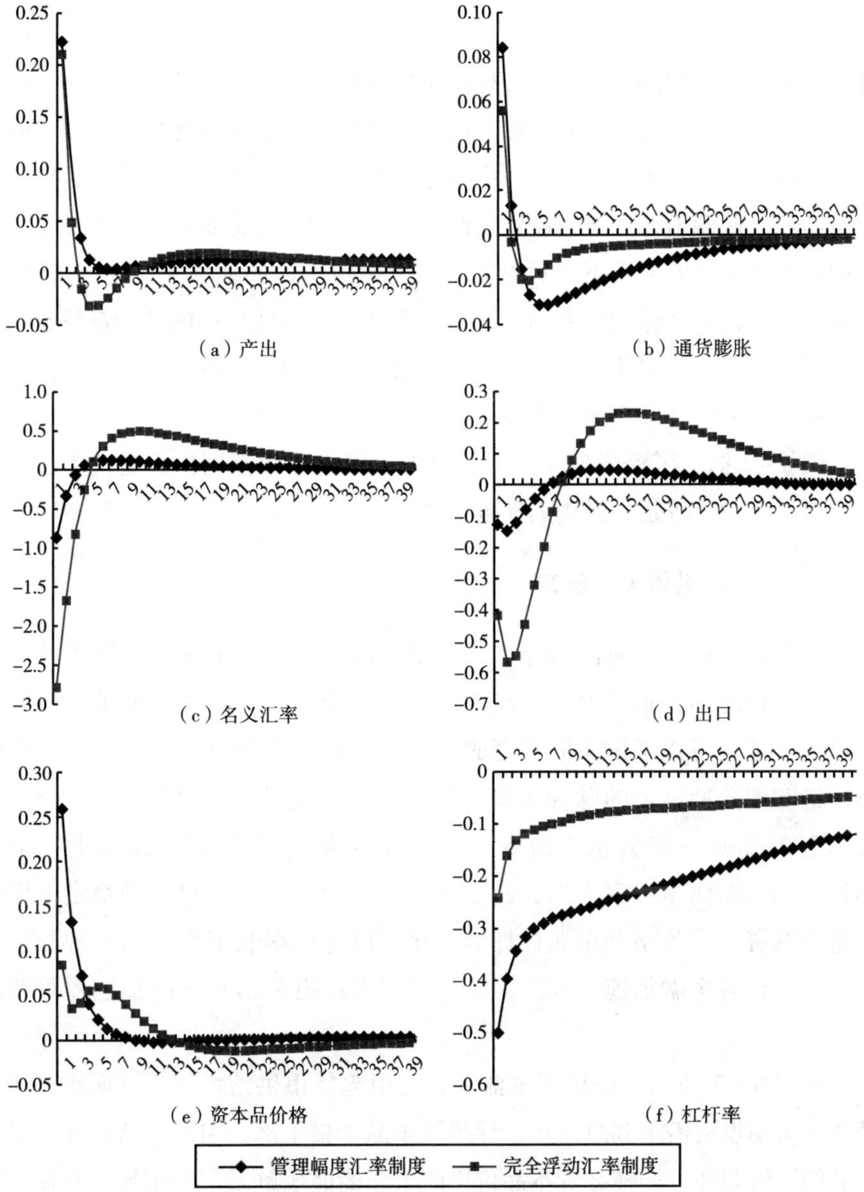

图 6-2　不同汇率制度下跨境资本流入冲击的经济效应

金融危机的主要原因是，跨境资本的流入流出频繁、急转，导致资产价格在急剧上升、经济虚假繁荣后突然转向资产价格急剧下降，经济突然萎缩。因此，杠杆率的下降是由于资产价格上涨引起的，但是若国外利率突然上升，则面临着资产价格下降，杠杆率又会急剧上升，因此这种杠杆率的下降本质是一种虚假的繁荣。从金融稳定的角度出发，应该是资产价格、杠杆率越稳定，金融越稳定。基于此，比较两种汇率制度下的脉冲图发现：若以当前管理浮动汇率制度为基准，完全浮动汇率制度下汇率升值较大，出口下降更明显。这种出口下降效应致使此时的产出和通货膨胀上涨幅度较小。这说明跨境资本流入冲击下，通过汇率贸易渠道的逆周期性能缓解经济波动。比较还发现，完全浮动汇率制度下，资本品价格和杠杆率的波动都较小，这说明浮动汇率还能促使金融稳定。因此当遭遇跨境资本流动时，实施浮动汇率有助于缓解经济和金融的波动。

图6－2揭示了跨境资本流动通过汇率渠道传导至国内，表现为逆周期性。当汇率弹性越强，逆周期性越明显。

（二）货币供给渠道研究

研究跨境资本影响国内经济的货币供给渠道，要证实跨境资本流入引起基础货币增加，最终对实体经济产生顺周期影响。因此，要单独研究货币供给渠道，可以考虑不同程度的货币供给增量变化下的影响。下面比较不冲销和部分冲销下的脉冲影响。设定部分冲销情形下冲销率为0.8，则技术上在式（6－25）的右边乘以0.2。货币供给渠道具有顺周期性，对实体经济的影响侧重考察产出、通货膨胀、消费、利率，对金融稳定的影响侧重考察资本品价格和企业杠杆率。此时设定汇率制度为当前管理浮动汇率制度且包含金融加速器效应，以排除汇率渠道和信贷金融加速器渠道的影响。

如图6－3所示，跨境资本流入首先引起货币供给增加，进而刺激居民消费，带动投资需求和总需求，导致资本品价格上涨，引发通货膨胀，呈现明显的顺周期性。同样，资本品价格的上涨能够缓解融资约束导致企业杠杆率下降。比较发现，若对因跨境资本流入而增加的货币进行大部分冲销，则流入市场中的货币明显减少，顺周期性明显减弱；部分冲销情形下，跨境资本冲击引起的资本品价格和杠杆率的波动都明显较小。这说明冲销操作还有助于实现金融稳定。

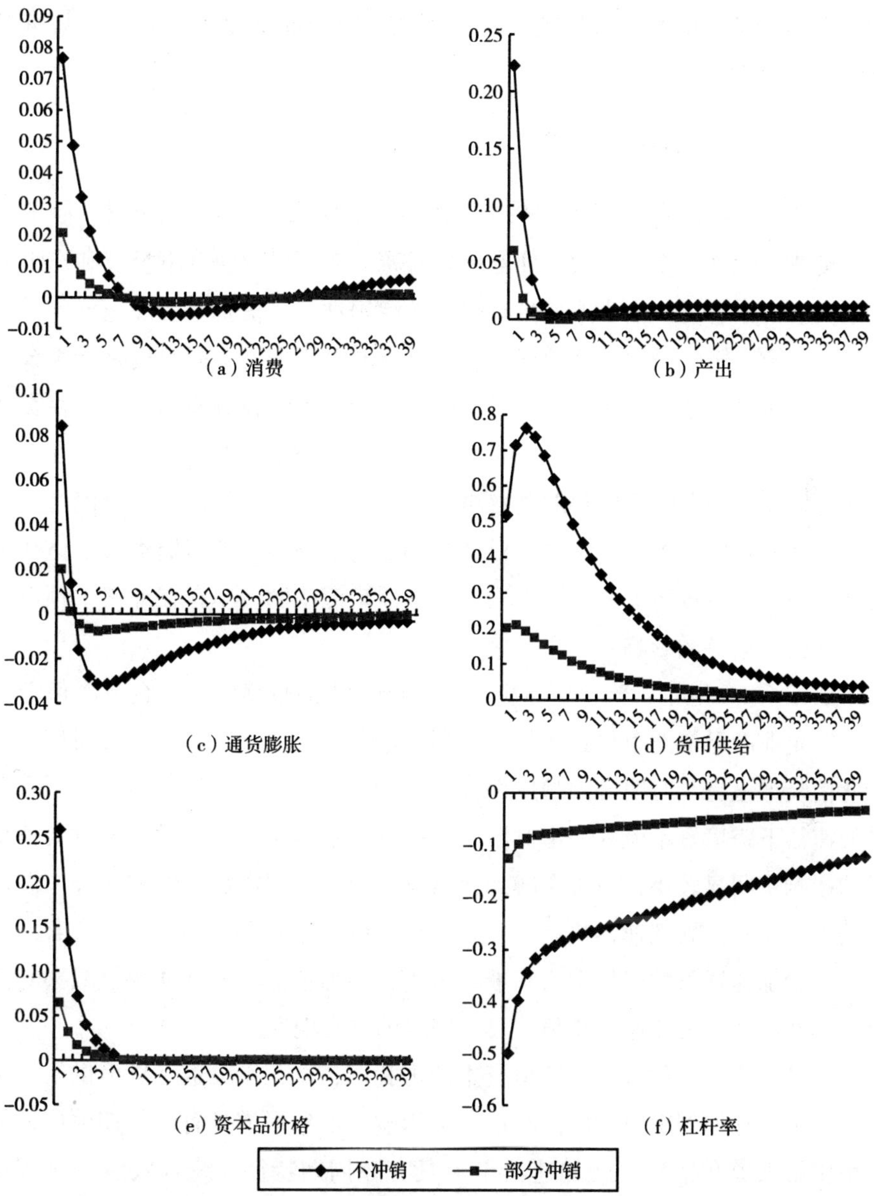

图 6 - 3　不同冲销程度下跨境资本流入冲击的经济效应

图 6 - 3 揭示出跨境资本流入冲击的另外一个渠道——货币供给渠道，该渠道具有明显的顺周期性。对跨境资本形成的外汇占款进行冲销有助于实现经济和金融的稳定。显然，若以当前我国部分冲销下的模拟图为基

准，则不冲销下的脉冲数值减去基准值则产出和通货膨胀为正值，具有明显的顺周期性。

（三）银行信贷渠道研究

跨境资本的信贷渠道是：跨境资本流入会引起资本品价格上升，企业的资产负债表改善，企业会增加外部信贷融资，在金融加速器下投资和产出波动增大。可以看出，信贷渠道具有明显的顺周期性。信贷金融加速器渠道是跨境资本流入影响国内经济的重要渠道，具有顺周期性，同时也是产生金融不稳定的重要因素。为研究信贷渠道的影响，下面比较分析经济系统存在或不存在金融加速器下的脉冲图。根据经济意义参数 $\tau=0$ 来表示不存在金融加速器效应，企业仅靠内部融资解决资金问题。对实体经济的影响侧重考察产出、通货膨胀、投资、利率，对金融环境的影响侧重考察资本品价格和信贷增长率。此时设定汇率制度为当前管理浮动汇率制，不存在冲销干预以排除另外两个渠道的影响。

如图 6-4 所示，跨境资本流入会引起资本品价格上升，企业净值随之增加，企业的融资约束得到缓解，信贷与投资增加，产出与通货膨胀上升，因此信贷渠道也具有明显的顺周期性。比较发现，从实体经济角度，不含金融加速器下跨境资本流入冲击对资产价格的影响较小，与之对应的对其他变量的影响也明显较小；包含金融加速器下的净值、资本品价格和杠杆率波动都较大，说明金融加速器机制是金融不稳定的一个重要原因。显然，若以不含有金融加速器下的模拟图为基准，包含金融加速器下的脉冲数值减去基准值，则产出和通货膨胀为正值，具有明显的顺周期性。

总结三个渠道的分析：跨境资本冲击我国，从汇率渠道、货币供给渠道和信贷金融加速器渠道对国内经济产生影响。汇率渠道具有逆周期效应，而货币供给渠道和信贷金融加速器渠道具有顺周期特征，综合效应为顺周期性。因此缓解经济波动和金融稳定的政策机制应具有逆周期性。在跨境资本对我国形成冲击的过程中，实施浮动的汇率制度、进行外汇占款冲销和消除金融加速器效应等政策都能缓解经济和金融压力。

自 2008 年金融危机爆发以来，中国人民银行适时地调整汇率政策。2009 年为防止全球金融危机造成的经济下行，中央银行实施刺激政策，新增基础货

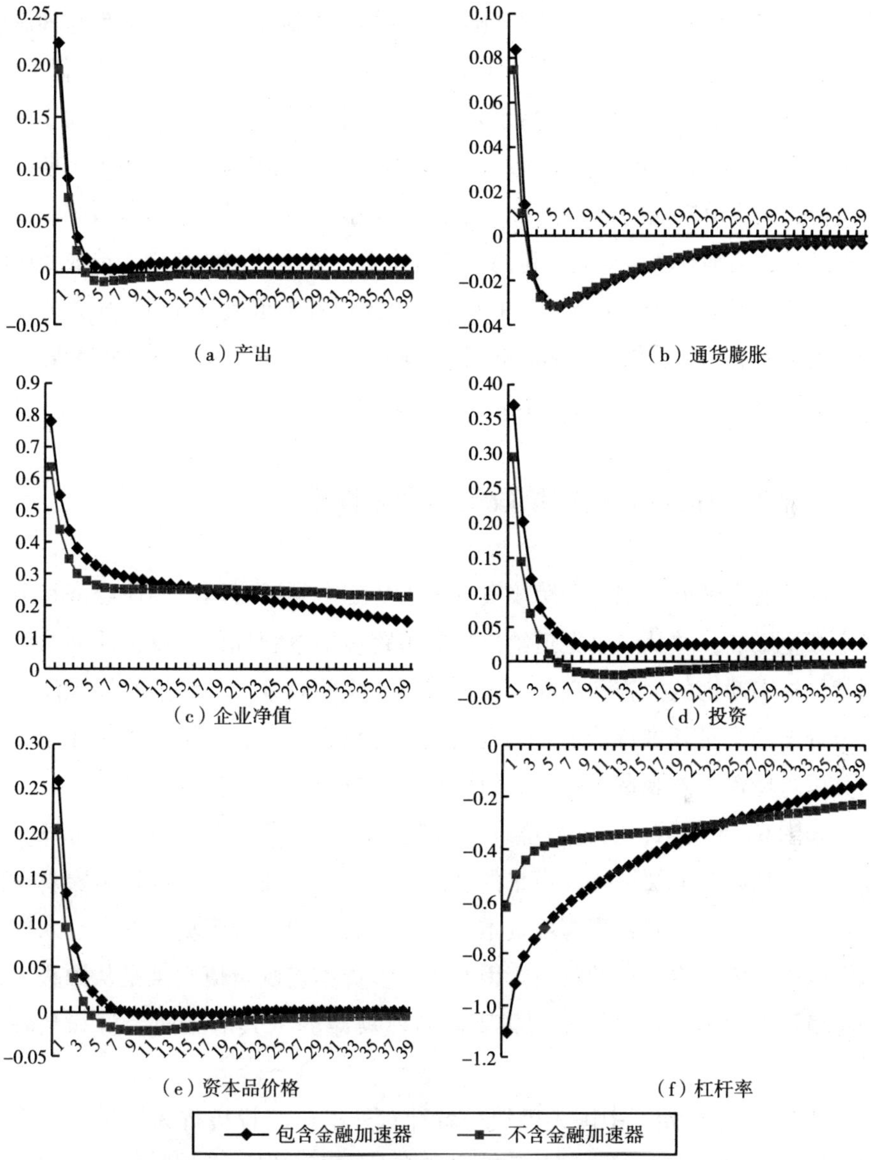

图 6－4　金融加速器下跨境资本流入冲击的经济效应

币出现近 10 多年来最高值 147626 亿元，实现了 9.4% 的经济增长率。人民币升值预期下，大量资本流入我国，中央银行外汇占款增加，2011 年我国冲销率仅 52%，致使当年通货膨胀率高达 5.4%，利率超过 3%。2015 年“8・11”汇改调整了人民币中间价报价机制，引起短期市场恐慌情绪激化，人民币汇率进入近一年半的贬值通道，同时伴随大规模的资本流出。为稳定汇率与抑制资本外流，中央银行积极干预下2015年下半年国际外汇储备减少了3210亿美元。此后中央银行采取一系列政策特别是改变汇率市场定价预期、引入逆周期调节因子，人民币币值才有所回升。2017年，我国相应地实施了引导市场预期的汇率定价、人民币逆周期因子政策，国际资本流出的压力得到了部分缓解。美联储加息后，美国利率长期持续走高，再一次引发资本流出的热潮，造成我国国际收支新的不确定性。可以看出中央银行在跨境资本审慎管理过程中，通过外汇冲销努力消除货币供给增加的顺周期影响，但是仅靠外汇冲销很难消除不利影响，需要从源头上对跨境资本规模进行监管。

二、跨境资本宏观审慎政策的有效性模拟

前面的实证分析聚焦于跨境资本流入从三个渠道对国内实体经济和金融稳定产生影响，并从三个渠道给出了实施跨境资本管理的建议：浮动的汇率制度、汇率冲销的措施和消除金融加速器效应的政策，但是这些措施没有从跨境资本源头对其进行治理，还可能从其他角度对宏观经济产生副作用。下面分析跨境资本宏观审慎政策如何缓解经济波动，促进金融稳定。

如图6-5所示，实施跨境资本宏观审慎政策能够明显地减少跨境资本流入量，从源头上缓解扰动带来的经济波动和金融波动。跨境资本宏观审慎政策采用逆风向机制：当跨境资本数量增多时，便提升跨境资本的进入成本或者减少跨境资本获得的收益。因此，跨境资本宏观审慎政策是从源头上控制跨境资本规模，跨境资本规模下降自然就减弱了其对国内经济和金融的影响。

从2013年开始，中国人民银行就针对外汇市场投机行为推出了一系列监管措施。2015年8月31日至2018年8月，中央银行根据跨境资本扰动的风险，对远期售汇征收的准备金进行了三次调整，有力地稳定了汇率和外汇储备。这恰与本书此处的结论一致，使用数量型的无息准备金审慎政策能够有效地缓解系统性风险，稳定经济波动。

需要说明的是，本书还模拟了采用利率来同时稳定经济波动和稳定跨境资本波动的政策，研究发现这种政策框架会导致巨大的经济波动，最终还无

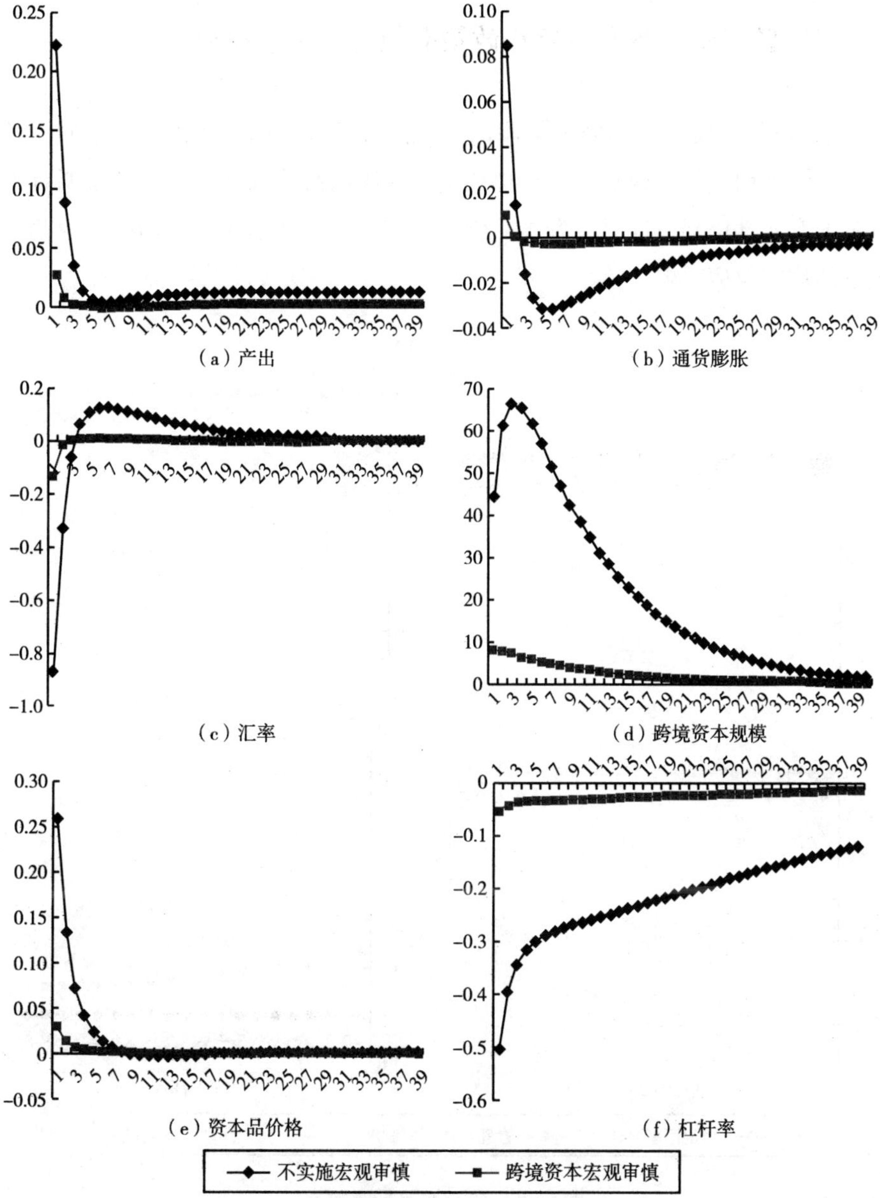

图 6-5　跨境资本宏观审慎政策效应

法实现金融的稳定。由于对应的脉冲图数据相对太大，放在一起比较反而会妨碍数量型和价格型工具的比较，因此该数据图省略。

三、跨境资本视角下货币政策有效性的影响模拟

如图 6－6 所示，不同汇率制度对国内货币政策的有效性影响不同。随着汇率弹性增强，国内利率对产出和通货膨胀的影响逐渐增强，这说明货币政策的有效性增强；同时，资本品价格和杠杆率的波动也逐渐增强，因此对金融的稳定效应减弱。

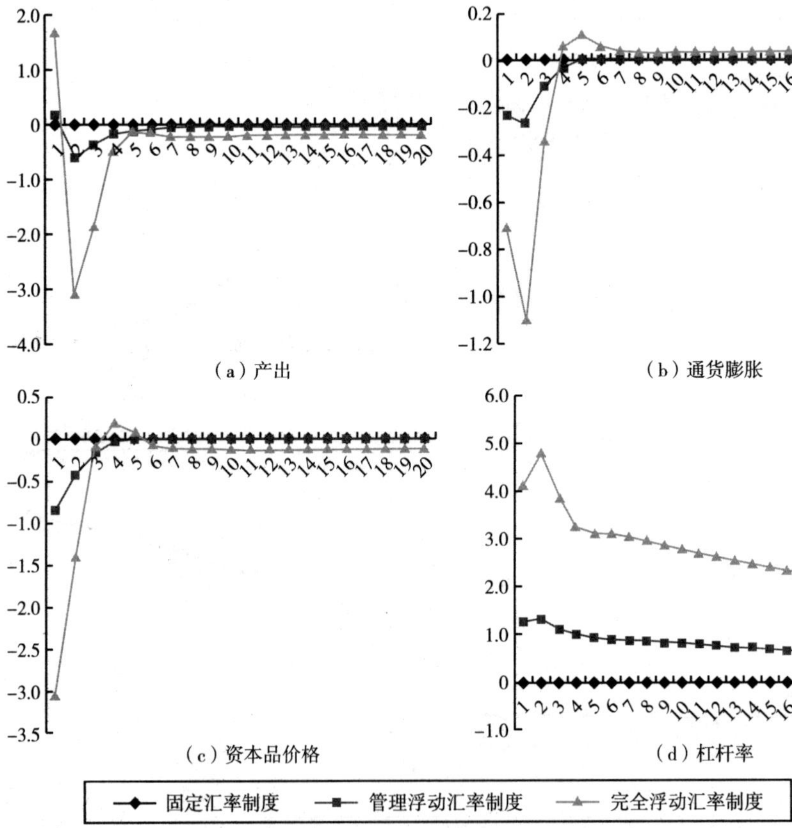

图 6－6　货币政策的有效性

面对利率正向冲击即利率上升，外资为获利流入国内，导致人民币升值。随着汇改的推进，中央银行货币政策关注汇率程度降低，人民币升值浮动进一步增长，从而国内出口降低，产出下降；同时汇改也导致外汇市场干预程度

降低，为稳定汇率而卖出的人民币减少，故而基础货币减少，基础货币减少进一步减弱了通货膨胀。这表明随着利率和汇率市场化改革的逐步推进，两种效果叠加，国内利率上升对产出和通货膨胀会产生更强的负向效应。

四、跨境资本视角下货币政策独立性的影响模拟

如图 6－7 所示，国外货币政策冲击，在不同汇率制度下对国内货币政策的影响不同。随着汇率弹性增强，国内利率受到的影响也逐渐减小，这说明货币政策的独立性增强；同时，资本价格和杠杆率的波动也逐渐减弱，因此对金融的稳定效应增强。

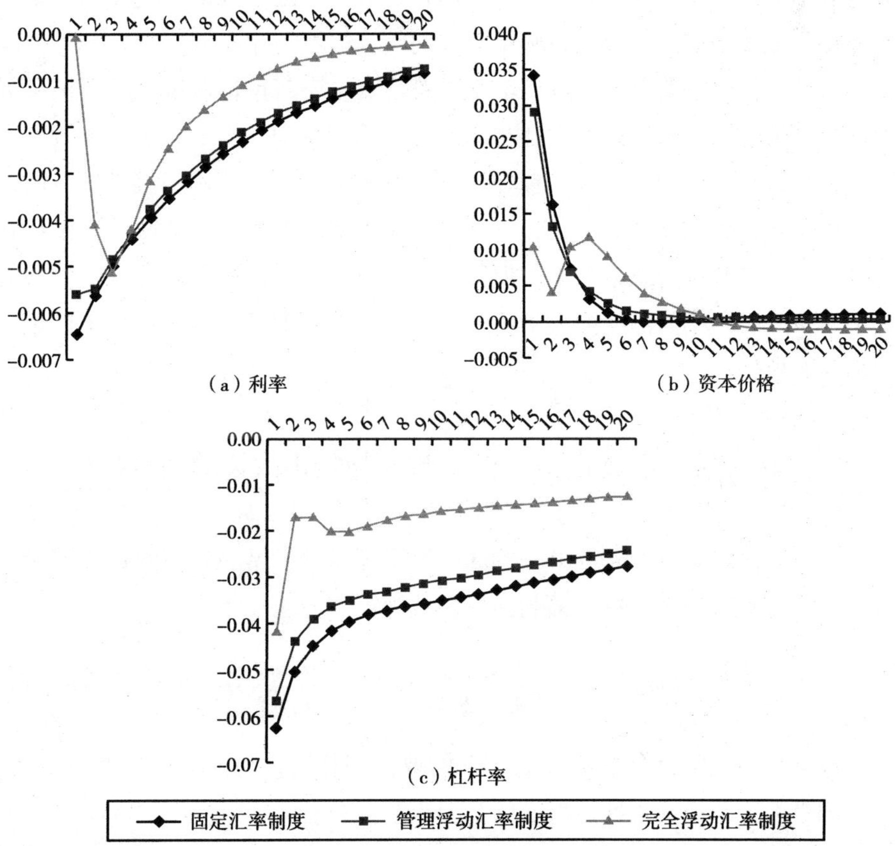

图 6－7　货币政策的独立性

随着汇率市场化改革的逐步推进，一方面国内利率—汇率渠道逐步畅通，可能会降低利率调控的独立性；另外一方面汇率弹性将逐渐增强，能够吸收国外货币政策的冲击，又有利于提升国内利率调控的独立性，两种力量的综合最终影响利率调控独立性。前面的脉冲结果显示，汇改逐步深入将引起汇率的较大幅度波动，有利于吸收国外的政策冲击，最终利率调控的独立性增强。汇率市场化改革引起数量型货币政策有效性降低的可能原因在于，随着汇改逐渐深入，虽然汇率的弹性逐步增加，但前面的脉冲显示增加幅度较小，不能很好地吸收国外冲击的负面影响。因此国外利率调控对国内产出和通货膨胀的影响增强，另外我国利率未完全市场化，利率—货币渠道不够畅通，只能被动调控货币供给，故而数量型货币政策独立性降低。资本逐步开放有助于提升货币政策独立性的原因在于资本的逐步开放有助于增强汇率的弹性，更好地吸收国外货币政策对国内经济的不利冲击。

由此可见，只要是利率调控汇率，跨境资本宏观审慎政策框架下汇率弹性增强会提升货币政策的独立性与有效性。第五章中，当不考虑跨境资本宏观审慎政策时，在利率调控汇率下，结论也表明浮动汇率制度是最优选择。这说明只要是利率调控汇率，无论是否使用跨境资本宏观审慎政策，汇率弹性增强都会提升货币政策效果；但是第六章结论却相反，若采用外汇储备管理汇率，此时利率与汇率渠道不通畅，固定汇率制度反而能保证货币政策独立性与有效性。

五、跨境资本宏观审慎、汇率政策与货币政策的组合搭配

参考伍德福德（Woodford，2003）的设置，将居民的效用函数在二阶稳态展开可得到每期平均社会福利损失函数为：

$$L = \frac{1-\sigma}{2}\mathrm{var}(c_t) + \frac{U_l l}{U_c c}\frac{1+\varphi}{2}\mathrm{var}(l_t) + \frac{U_m m}{U_c c}\frac{1-\nu}{2}\mathrm{var}(m_t) \quad (6-30)$$

以下各个政策组合中 ρ_R 、ρ_π 、ρ_y 的取值均相同，与前面的校准值一致。本书侧重考查跨境资本冲击引起的社会福利损失。

表 6-4 显示，货币政策关注通货膨胀、产出和汇率稳定，同时实施跨境资本宏观审慎政策下的社会福利损失最小，仅 0.006。即使货币政策只关

注产出和通货膨胀波动，实施跨境资本宏观审慎政策也能够大幅度降低社会福利，仅 0.015。这表明，货币政策在盯住产出、通货膨胀和汇率波动的基础上，若还要盯住跨境资本流动规模，不仅不能显著提升货币政策效果，还会增加社会福利损失。

表 6－4　　　　各种政策框架下跨境资本冲击引起的社会福利

政策组合	参数				变量方差			社会福利
	ρ_Q	ρ_{Df}	ρ_u	ρ_ψ	c_t	l_t	m_t	
完全浮动汇率＋货币政策	0	0	0	0	0.014	0.207	1.150	－0.257
完全浮动汇率＋货币政策＋跨境资本审慎政策	0	0	0.1	0	0.000	0.015	0.029	－0.015
管理浮动汇率＋货币政策	0.2	0	0	0	0.019	0.230	4.366	－0.482
管理浮动汇率＋货币政策＋跨境资本审慎政策	0.2	0	0.1	0	0.000	0.003	0.053	－0.006
包含跨境资本宏观审慎政策和管理浮动汇率的泰勒规则	0.2	0.1	0	0	5.010	39.488	114.86	－42.941

从表 6－4 还可以看出，泰勒规则、包含管理浮动汇率的泰勒规则两种情况下的社会福利损失都较大，说明仅依靠货币政策无法化解跨境资本流动带来的系统性危机。相比而言，只要实施跨境资本宏观审慎政策，都能够降低社会福利损失，但跨境资本管理与兼顾汇率稳定的货币政策搭配效果最好。本轮金融危机后，我国积极探索利用宏观审慎政策应对跨境资本流动已经取得了一定的效果，仍需完善货币政策与宏观审慎政策的协调搭配才能够从根本上抵御跨境资本带来的系统性风险，维护经济和金融体系的稳定。

|第七章|

研究结论

第一节　结　论

本书基于中国汇率市场化背景，从经验角度梳理发达经济体与发展中国家汇率制度与货币政策效果之间的关系；然后结合中国的经济特点如资本半开放、汇率管理浮动、跨境资本宏观审慎等不断深入拓展三元悖论，将其纳入当前主流的动态随机一般均衡框架，从理论与实证角度研究汇率制度选择如何影响货币政策独立性与有效性。研究发现：

第一，汇率制度与货币政策独立性、有效性之间没有必然的关系，与经济体的经济特征密切相关。

第二，在资本半开放状态下构建 DSGE 框架研究表明：政策有效性方面，无论是数量型还是价格型货币政策，汇率弹性增强均能提升政策有效性。政策独立性方面，汇率弹性增强会提升价格型货币政策的独立性，但是会降低数量型货币政策的独立性；资本高度流动和富有弹性的汇率制度搭配可以增强我国价格型货币政策的独立性，但不能增强数量型货币政策的独立性。

第三，在外汇干预汇率视角下构建的 DSGE 框架研究表明：政策有效性方面，无论是使用单工具还是双目标双工具政策框架，汇率弹性增强都会提升货币政策有效性。外汇干预的汇率政策传导渠道不同于传统的黏性价格，主要是通过资产价格渠道传导。随着我国汇率改革与资本账户的同步推进，货币政策的有效性将受到跨境资本的冲击。政策独立性方面，单工具政策框架下，汇率弹性的增强确实能提升货币政策独立性；而双目标双工具框架下结果则相反，但使用双目标双工具政策时政策独立性明显高于单工具政策。而随着汇率制度改革和资本账户开放的同步推进，双目标双工具政策框架下货币政策独立性与有效性都会下降。

第四，在跨境资本宏观审慎视角下构建 DSGE 分析框架研究表明：仅依靠跨境资本审慎管理无法大幅度降低经济波动，只要是利率调控汇率，无论是否使用跨境资本宏观审慎政策，汇率弹性增强都会提升货币政策的独立性与有效性。社会福利损失分析表明，货币当局调控通货膨胀的同时兼顾产出、汇率和金融的稳定，可采取宏观审慎与外汇管理浮动相结合的政策框架。

第二节　政策建议

中国国际收支呈现适度双顺差格局时，固定汇率制和中间汇率制下，中国可以保持利率政策的独立性。但是，数量型货币政策会受到很大的影响。中央银行通过冲销政策保持一个较为合理的货币供应量增长率，然而冲销政策的成本是高昂的。采用冲销政策维持中央银行货币政策的独立性并不是一个可持续的政策操作。2015 年以来，中国国际收支出现结构性变化，不再呈现国际收支双顺差，中国发生严重的资本外流，金融账户在部分季度出现巨额逆差。固定汇率制或中间汇率制度下，中国利率政策和数量型货币政策都难以维持独立性。大规模资本外流的情况下，外汇市场上存在人民币贬值预期，进一步扩大了资本外逃的规模。随着美国经济复苏，美联储在 2015 年开始加息。根据文中的理论分析，美国利率上升且中国出现大规模资本外流时，中国货币政策会缺乏独立性。为稳定人民币汇率并防止更大规模的资本外流，数量型货币政策和利率政策会同时走向紧缩。然而，中国经济增长速度在趋缓，有通货紧缩的风险。中国人民银行理应实施扩张性的货币政策。因而，货币政策缺乏独立性束缚了中国人民银行宏观调控的能力。

现阶段中国人民银行还面临着汇率稳定、保有外汇储备和公信力的新“三难选择”。中国人民银行想要维持汇率稳定和保持公信力，就必须干预外汇市场，在人民币有贬值压力的情况下，中国人民银行会损失大量外汇储备；中国人民银行想要维持汇率稳定，又不想损失外汇储备，那么汇率出现波动时，会对中国人民银行的公信力有所损害。中国人民银行的公信力是有效宏观调控的重要基础、外汇储备是中国长期对外贸易积累起来的财富，不应再出现大的损失。

在国际收支不再持续表现为双顺差的情况下，要提升中国货币政策独立性，增强中国人民银行的宏观调控能力，保护国家外汇储备，保持国家的公信力，减少冲销政策的运用，中国人民银行应当让人民币汇率自由浮动或者加强资本管制。随着世界经济金融一体化程度越来越高，跨境资本流动的规模越来越大并且逃避管制的方式也越来越多，资本管制的成本日渐提高。因而，人民币汇率形成机制变得市场化，走向浮动是实现上述目标的合理选择。

长期来看，人民币汇率制度弹性化有助于中国实现国际收支平衡，减小中央银行干预外汇市场的力度，增强货币政策的独立性。过去很长一段时间，中国国际收支处于不平衡状态，这和中国出口贸易结构和汇率制度等因素有关。随着中国的对外贸易结构和吸引外资政策的变化，国际收支失衡对汇率波动的敏感系数会逐渐增加，浮动汇率制度有助于让中国国际收支达到基本平衡的状态。

在人民币汇率制度由中间汇率制度向浮动汇率制度转变的过程中，增加汇率制度弹性会带来一定的风险。为尽可能减小汇率制度改革的风险并且提升中国货币政策的独立性，中国人民银行应当做好以下五个方面的工作。

第一，选择适当的汇率制度改革时机，加强外汇管理。国际收支有适度规模顺差、经济基本面表现良好和美国小幅上调利率时，汇率制度改革带来的冲击会较小，适合进行汇率制度改革。国际收支有顺差并且经济基本面表现良好时，市场上会对人民币有较强信心，不会出现大规模资本外流现象。同时，美国小幅上调利率，表明美国经济形势较好，市场上对美元的信心也较强，因而人民币对美元不会大幅升值，在此情况下，中国货币政策能够保持较强的独立性，从而给予中国人民银行足够的空间进行调整。

以下三种情形不是增加汇率制度弹性的好时机：情形一是中国国际收支有逆差，经济基本面下滑和美国大幅上调利率；情形二是中国国际收支有大规模顺差，经济过热和美国大幅下调利率；情形三是出现国际金融危机。根据理论分析框架可知，以上三种情形下，汇率制度弹性增加不会增强货币政策独立性，反而会有所减弱，削弱中央银行宏观调控的能力。情形一中，市场上会存在很强的人民币贬值预期；情形二中市场上会形成很强的人民币升值预期；情形三中，国际市场存在大量的投机资本，汇率制度改革会引发投机资本的攻击。无论以上哪种情况下，增加汇率制度弹性都会造成人民币汇率剧烈波动，中央银行宏观调控能力下降，进而引发宏观经济和金融市场的风险。

第二，金融改革开放进程中，一方面，日本金融开放的经验表明，汇率制度在从钉住美元制转为浮动汇率制的过程中，资本管制能够有效减轻汇率波动的压力。当市场中存在货币贬值的压力时，加强资本流出的管制，鼓励资本流入；在市场中存在货币升值的压力时，加强资本流入的管制，鼓励资本流出。从泰国金融开放的经验可看出，资本账户比汇率制度改革更早开放的情况下，当本币汇率被高估（或低估），容易遭受国际投机资本的攻击，进而引发货币危机。因此人民币汇率制度改革要先于资本账户开放的进程，并且在汇率制度改革过程中，应该辅以资本管制措施，缓解国际收支失衡，进而减轻汇率波动的压力。另外，要配合利率市场化进行改革，促进我国的货币政策转型，逐步从以数量型货币政策为主转变为以利率调控为主的货币调控方式；随着改革的推进，国外利率冲击会增大国内的经济波动，这提醒我们在国外利率波动大时要谨慎推进改革，而不能急于求成，当国外经济平稳时加速协调推进市场化改革。

另一方面，开放经济下国内政策面临多种挑战，既需要保障经济增长、抑制通货膨胀，还需要维护金融市场尤其是汇率稳定。多种政策目标下，政策目标间冲突越来越凸显，需要合理搭配使用多种货币政策工具，有效应对外部经济的冲击。随着金融改革加速，双目标双工具政策也受到制约，如冲销难度会提升，政策效果会下降。因此，为避免引起的货币政策独立性和有效性下降，我国的外汇管理货币政策可逐步向通货膨胀目标制过渡，同时实施跨境资本宏观审慎政策，保证经济平稳发展。

第三，加强外汇远期市场建设，建立中央银行克服浮动恐惧的基础。浮动恐惧是中间汇率制和浮动汇率制下，货币政策缺乏独立性的主要原因。中央银行存在浮动恐惧的原因是汇率波动会给国内居民、企业和政府带来风险，从而给居民财富、企业经营和外汇储备资产造成负面冲击。中央银行要克服浮动恐惧就必须提供对冲汇率风险的途径，外汇远期市场中的期货、期权等金融产品能够帮助企业和居民有效地对冲汇率风险。因而，加强外汇远期市场的建设，有助于中央银行克服浮动恐惧，提升国内货币政策独立性。

第四，深化金融改革，提供更优质的金融产品和服务，减少资本外逃的意愿，同时加强跨境资本宏观审慎监管。无论在何种汇率制度下，大规模资本外逃都会降低国内货币政策独立性，并给国内经济造成巨大的负面冲击。资本外逃的原因主要有两个：一是国内经济基本面不景气，资本为追求更高利益而流出本国；二是国内金融市场不够发达，没有足够的金融产品满足投资者的需求。当前，中国经济依然保持着中高速的经济增长，但却出现大规模的资本外逃，其中一个重要原因是中国国内提供的金融产品和服务有限，居民财富没有足够的投放途径，这就造成居民具有资本外流的意愿。而中国目前在跨境资本宏观审慎管理上取得了一定的成绩，但是这才刚刚起步，还要继续优化与丰富管理工具，研发出有效性强、管理成本低的宏观审慎工具箱。当前我国主要使用数量型工具，未来可进一步增加价格型工具的应用，如调节准备金率、探索类托宾税等工具，此类价格型政策工具的市场化程度更高，弹性和操作灵活性更强，有利于减少政策实施过程中可能造成的冲击、维护市场稳定。

第五，加强国际合作，实现国际经济政策协调。本书的分析结果表明，美国等强经济体货币政策具有较强的外溢性，如果强经济体国家的货币政策只根据国内经济形势调整而不考虑国际经济形势的变化，那么会造成一些新兴市场经济体和欠发达国家的货币政策独立性下降并对国内经济产生负面影响。国际经济政策协调能够减小金融改革中的风险，降低不同国家间的经济政策摩擦，提升新兴市场经济体和欠发达国家的货币政策独立性。要实现国际经济政策协调，应该充分发挥现有国际经济组织（如国际货币基金组织和世界银行等）的作用，增加各国之间的国际经济、文化和政治的交流。中国国际收支正在发生结构性变化，不再维持双顺差，而且，随着世界经济金融一体化程度越来越高，跨境资本流动的规模越来越大，并且逃避管制的方式也越来越多，资本管制的成本日渐提高。中国是大国经济，必须保持货币政策独立性，增强中国人民银行的宏观调控能力。因此，要选择合适的时机让人民币汇率更加市场化，促进国际收支平衡。同时，保持国家的公信力，合理运用外汇储备，深化国内金融改革，加强国内金融市场建设和国际经济协调与合作。

参考文献

[1] 卞志村．泰勒规则的实证问题及在中国的检验［J］．金融研究，2006（8）：56－69.

[2] 卜亚，马才华．当前人民币汇率制度的选择——基于货币替代的汇率效应和“免行动区间”理论的分析［J］．管理评论，2006（10）：7－11，63.

[3] 陈浪南，柳阳．不同汇率制下我国货币政策的净出口需求非线性效应的实证研究［J］．国际金融研究，2012（12）：4－12.

[4] 邓乐平，冯用富，晋重文．浮动汇率制度下货币政策的独立性［J］．金融研究，2002（3）：56－64.

[5] 邓永亮，李薇．汇率波动、货币政策传导渠道及有效性——兼论“不可能三角”在我国的适用性［J］．财经科学，2010（4）：1－9.

[6] 丁剑平，刘敏．中欧双边贸易的规模效应研究：一个引力模型的扩展应用［J］．世界经济，2016（6）：100－124.

[7] 范从来，赵永清．中国货币政策的自主性：1996～2008［J］．金融研究，2009（5）：22－34.

[8] 范金，郑庆武，王艳，袁小慧．完善人民币汇率形成机制对中国宏观经济影响的情景分析——一般均衡分析［J］．管理世界，2004（7）：29－42.

[9] 范小云，陈雷，祝哲．三元悖论还是二元悖论——基于货币政策独立性视角的最优汇率制度选择［J］．经济学动态，2015（1）：55－65.

[10] 封思贤．货币供应量作为我国货币政策中介目标的有效性分析［J］．中国软科学，2006（5）：39－48.

[11] 龚刚，高坚，何学中．汇率制度与货币政策——发展中国家和小国经济的思考［J］．经济研究，2008（6）：25－36.

［12］郭豫媚，陈伟泽，陈彦斌．中国货币政策有效性下降与预期管理研究［J］．经济研究，2016（1）：28－41.

［13］何国华，李洁．跨境资本流动的国际风险承担渠道效应［J］．经济研究，2018，53（5）：146－160.

［14］何淑兰，王聪．我国跨境资本流动的宏观审慎管理——基于新兴经济市场国家经验借鉴的视角［J］．甘肃社会科学，2017（5）：233－238.

［15］胡小文，沈坤荣．汇率市场化与资本账户开放协调推进的宏观经济效应［J］．国际经贸探索，2017，33（9）：70－85，98.

［16］胡小文，章上峰．利率市场化、汇率制度改革与资本账户开放顺序安排——基于 NOEM－DSGE 模型的模拟［J］．国际金融研究，2015（11）：14－23.

［17］胡小文．汇率市场化对货币政策有效性与独立性的影响研究——基于 NOEM－DSGE 模型的模拟［J］．国际贸易问题，2017（5）：153－165.

［18］胡育蓉，范从来．货币政策工具的选择：利率双轨制和利率市场化［J］．经济评论，2015（4）：3－16.

［19］胡再勇．我国的汇率制度弹性、资本流动性与货币政策自主性研究［J］．数量经济技术经济研究，2010（6）：20－34.

［20］胡志鹏．中国货币政策的价格型调控条件是否成熟？——基于动态随机一般均衡模型的理论与实证分析［J］．经济研究，2012（6）：60－72.

［21］黄先开，邓述慧．货币政策中性与非对称性的实证研究［J］．管理科学学报，2000（2）：34－41.

［22］黄炎龙，陈伟忠，龚六堂．汇率的稳定性与最优货币政策［J］．金融研究，2011（11）：1－17.

［23］江曙霞，江日初，吉鹏．麦克勒姆规则及其中国货币政策检验［J］．金融研究，2008（5）：34－47.

［24］蒋先玲，朱立人，刘微．资本项目开放进程中的外汇干预函数研究［J］．国际贸易问题，2015（9）：145－155.

［25］金满涛．跨境资金流动宏观审慎监管的国际经验及启示［J］．河北金融，2018（12）：49－52.

［26］金中夏，洪浩．国际货币环境下利率政策与汇率政策的协调［J］．

经济研究，2015（5）：35－48.

［27］景麟德．加快构建我国跨境资本流动的宏观审慎管理体系［J］．现代管理科学，2018（4）：45－47.

［28］雷达，赵勇．中国资本账户开放程度的测算［J］．经济理论与经济管理，2008（5）：7－15.

［29］李成，王彬，马文涛．资产价格、汇率波动与最优利率规则［J］．经济研究，2010（3）：91－103.

［30］李婧，刘瑶．托宾税与跨境资本流动管理：国别实践及对中国的启示［J］．首都经济贸易大学学报，2019，21（4）：23－33.

［31］李琼，王志伟．泰勒规则与中国宏观经济波动——1994－2006的实证检验［J］．经济科学，2009（2）：9－22.

［32］李雪松，王秀丽．工资粘性、经济波动与货币政策模拟——基于DSGE模型的分析［J］．数量经济技术经济研究，2011，28（11）：22－33，50.

［33］刘斌．动态随机一般均衡模型及其应用（第二版）［M］．北京：中国金融出版社，2014.

［34］刘斌．我国DSGE模型的开发及在货币政策分析中的应用［J］．金融研究，2008（10）：1－21.

［35］刘达禹，赵婷婷，刘金全．我国价格型与数量型货币政策工具有效性的实时对比及其政策残余信息估计［J］．经济学动态，2016（10）：63－75.

［36］刘金全，张鹤．我国经济中“托宾效应”和“反托宾效应”的实证检验［J］．管理世界，2004（5）：18－24.

［37］刘金全，于冬，张成军．我国国际资本流动性程度和非流动性原因的度量与检验——来自中美日三国消费模式对比的经验证据［J］．财经研究，2006（3）：82－92.

［38］刘霖，靳云汇．货币供应、通货膨胀与中国经济增长——基于协整的实证分析［J］．统计研究，2005（3）：14－19.

［39］刘敏，李颖．“三元悖论”与人民币汇率制度改革浅析［J］．国际金融研究，2008（6）：70－76.

［40］卢卉．泰勒规则在我国的适应性评析及其修正［J］．上海金融，

2005 (4): 24 – 26.

[41] 陆简. 避险情绪、货币乘数与二元悖论 [J]. 国际金融研究, 2017 (6): 3 – 12.

[42] 陆军, 钟丹. 泰勒规则在中国的协整检验 [J]. 经济研究, 2003 (8): 75 – 85.

[43] 路继业. 中间汇率制度的内在不稳定性: 对两极化的新解释 [J]. 世界经济, 2015 (4): 169 – 192.

[44] 马文涛. 货币政策的数量型工具与价格型工具的调控绩效比较——来自动态随机一般均衡模型的证据 [J]. 数量经济技术经济研究, 2011 (10): 92 – 110, 133.

[45] 梅冬州, 龚六堂. 新兴市场经济国家的汇率制度选择 [J]. 经济研究, 2011 (11): 73 – 85.

[46] 裘骏峰. 国际储备积累、实物与资产价格通胀及货币政策独立性 [J]. 经济学季刊, 2015 (2): 678 – 701.

[47] 盛天翔, 范从来. 信贷调控: 数量型工具还是价格型工具 [J]. 国际金融研究, 2012 (5): 25 – 33.

[48] 施琍娅. 自贸区跨境资金宏观审慎管理框架 [J]. 中国金融, 2015 (11): 29 – 31.

[49] 宋汉光. 经济结构调整背景下货币政策工具有效性分析 [J]. 浙江金融, 2016 (4): 9 – 16.

[50] 宋玉华, 李泽祥. 麦克勒姆规则有效性在中国的实证研究 [J]. 金融研究, 2007 (5): 49 – 61.

[51] 苏平贵. 汇率制度选择与货币政策效应分析——蒙代尔 – 弗莱明模型在我国的适用性、改进及应用 [J]. 国际金融研究, 2003 (5): 4 – 9.

[52] 孙华妤. 传统盯住汇率制度下中国货币政策自主性和有效性: 1998 – 2005 [J]. 世界经济, 2007 (1): 29 – 38.

[53] 孙立坚, 孙立行. 对外开放和经济波动的关联性检验 [J]. 经济研究, 2005 (6): 69 – 81.

[54] 汪红驹. 中国货币政策有效性研究 [M]. 北京: 中国人民大学出版社, 2003.

［55］王爱俭，邓黎桥．中央银行外汇干预：操作方式与效用评价［J］．金融研究，2016（11）：18－34.

［56］王彬．人民币汇率均衡、失衡与贸易顺差调整［J］．经济学季刊，2015（7）：1278－1302.

［57］王胜，郭汝飞．不完全汇率传递与最优货币政策［J］．经济研究，2012（2）：131－143.

［58］王书朦．我国跨境资本流动的宏观审慎监管研究——基于新兴经济体的国际借鉴［J］．金融发展研究，2015（11）：33－39.

［59］王志伟，吴诗锋．两部门开放经济中的货币政策冲击［J］．经济学家，2012（2）：75－83.

［60］卫迎春，邹舒．中国货币政策对美国货币政策独立性的实证分析［J］．国际贸易问题，2012（7）：115－124.

［61］吴晶妹．评货币政策的中介目标——货币供应量［J］．经济评论，2002（3）：78－82.

［62］伍戈，陆简．全球避险情绪与资本流动——“二元悖论”成因探析［J］．金融研究，2016（11）：1－14.

［63］伍戈，严仕锋．跨境资本流动的宏观审慎管理探索——基于对系统性风险的基本认识［J］．新金融，2015（10）：14－18.

［64］夏斌，廖强．货币供应量已不宜作为当前我国货币政策的中介目标［J］．经济研究，2001（8）：34－43.

［65］肖卫国，陈宇，张晨冉．利率和汇率市场化改革协同推进的宏观经济效应［J］．国际贸易问题，2015（8）：156－167.

［66］肖卫国，尹智超，陈宇．资本账户开放、资本流动与金融稳定——基于宏观审慎的视角［J］．世界经济研究，2016（1）：30－40.

［67］谢平，罗雄．泰勒规则及其在中国货币政策中的检验［J］．经济研究，2002（3）：4－12.

［68］谢平，许国平．路径选择——金融监管体制改革与中央银行职能［M］．中国金融出版社，2004.

［69］谢平，张晓朴．货币政策与汇率政策的三次冲突——1994—2000年中国的实证分析［J］．国际经济评论，2002（Z3）：30－35.

[70] 徐建炜，徐奇渊，黄薇．中央银行的官方干预能够影响实际汇率吗［J］．管理世界，2011（2）：5－15.

[71] 严佳佳，曾金明．跨境资本流动对货币政策有效性的影响研究——基于系统性风险视角的分析［J］．经济理论与经济管理，2019（8）：91－103.

[72] 杨柳，黄婷．我国汇率制度弹性、货币政策有效性与货币政策独立性研究——基于 SFAVAR 模型的实证分析［J］．管理评论，2015，27（7）：43－57.

[73] 杨小海，刘红忠，王弟海．中国应加速推进资本账户开放吗？——基于 DSGE 的政策模拟研究［J］．经济研究，2017（8）：49－64.

[74] 杨英杰．泰勒规则与麦克勒姆规则在中国货币政策中的检验［J］．数量经济技术经济研究．2002（12）：97－100.

[75] 姚余栋，李连发，辛晓岱．货币政策规则、资本流动与汇率稳定［J］．经济研究，2014（1）：127－140.

[76] 余森杰，王雅琦．人民币汇率变动与企业出口产品决策［J］．金融研究，2015（4）：19－34.

[77] 袁申国，陈平，刘兰凤．汇率制度、金融加速器和经济波动［J］．经济研究，2011（1）：59－72

[78] 袁伟彦，李文溥．中国货币政策的汇率传导效应及形成机制［J］．管理世界，2010（12）：53－65.

[79] 张成思．人民币汇率变动与通货膨胀动态走势［J］．国际金融研究，2009（5）：88－97.

[80] 张达平，赵振全．新常态下货币政策规则适用性研究——基于 DSGE 模型的分析［J］．经济学家，2016（8）：72－80.

[81] 张卫平．货币政策利率：基于动态随机一般均衡的方法［M］．北京：北京大学出版社，2012.

[82] 张翔，何平，马菁蕴．人民币汇率弹性和我国货币政策效果［J］．金融研究，2014（8）：18－31.

[83] 张泽华，周闯．资本账户开放下的宏观审慎政策和货币政策组合研究［J］．世界经济研究，2019（4）：3－16.

[84] 赵进文，高辉．中国货币政策行为传导的动态模型检验——1993

年~2002年的实证分析［J］. 南开经济研究，2004（3）：95-102.

［85］赵进文，张敬思. 人民币汇率、短期国际资本流动与股票价格——基于汇改后数据的再检验［J］. 金融研究，2013（1）：13-27.

［86］赵文胜，张屹山. 货币政策冲击与人民币汇率动态［J］. 金融研究，2012（8）：1-15.

［87］郑湘明. 控制我国通胀：数量型工具与价格型工具的比较分析［J］. 经济学动态，2011（4）：74-78.

［88］朱孟楠，刘林. 短期国际资本流动、汇率与资产价格——基于汇改后数据的实证研究［J］. 财贸经济，2010（5）：7-15.

［89］朱孟楠，闫帅. 经济政策不确定性与人民币汇率的动态溢出效应［J］. 国际贸易问题，2015（10）：111-120.

［90］中国人民银行调查统计司课题组. 协调推进利率汇率改革和资本账户开放［J］. 中国金融，2012（4）：1-12.

［91］Adalid R, Detken C. Liquidity Shocks and Asset Price Boom/Bust Cycles［R］. ECB Working Paper, No. 732, 2007.

［92］Alesina A, Barro R J, Tenreyro S. Optimal Currency Areas［R］. In NBER Macroeconomics Annual, 2002（17）：302-356.

［93］A Chari V, Kehoe P. On the Optimal Choice of a Monetary Policy Instrument［R］. NBER Working Paper No. 13398, 2007.

［94］Axel Löffler, Schnabl G, Schobert F. Limits of Monetary Policy Autonomy by East Asian Debtor Central Banks［J］. CESifo Working Paper Series, 2012, 62（2）.

［95］Ball L. Policy Rules for Open Economies［J］. RBA Research Discussion Paper, 1998, 70（209）：204-219.

［96］Barro R J. Unanticipated Money Growth and Unemployment in the United States［J］. The American Economic Review, 1977, 67（2）：101-115.

［97］Barro R J, Rush M. Unanticipated Money and Economic Activity［M］. Rational Expectations and Economic Policy. Chicago：University of Chicago Press, 1980：23-73.

［98］Bernanke B, Gerlter M, Gilchrist S. The Financial Accelerator in a Quantitative Business Cycle Framework［R］. NBER Working Paper, No. 6455, 1998.

[99] Bouvatier. Hot Money Inflows and Monetary Stability in China: How the People's Bank of China Took up the Challenge [J]. Applied Economic, 2010 (42): 1533 – 1548.

[100] Bruno V, Shin H S. Capital Flows and the Risk-Taking Channel of Monetary Policy [J]. Journal of Monetary Economics, 2015 (71): 119 – 132.

[101] Benes Jaromir, Andrew Berg, Rafael A. Portillo, David Vavra. Modeling Sterilized Interventions and Balance Sheet Effects of Monetary Policy in a New-Keynesian Framework [J]. Open Economic Review, 2015 (26): 81 – 108.

[102] Bogdan C, Iulian I. The Effect of Exchange Rate Arrangments on Transmission of Interest Rates and Monetary Policy Indenpence: Evidence from a Group of New EU Member Countries [R]. IDEAS Working Paper, 2013.

[103] Borensztein E, Zettelmeyer J, Philippon T. Monetary Independence in Emerging Markets: Does the Exchange Rate Regime Make a Difference [R]. IMF Working Paper, 2001.

[104] Broda C. Coping with Terms-of-trade Shocks: Pegs Versus Floats [J]. American Economic Review, 2001, 91 (2): 376 – 380.

[105] Calomiris C W, Ramirez C D. The Role of Financial Relationships in the History of American Corporate Finance [J]. Journal of Applied Corporate Finance, 1996, 9 (2): 52 – 73.

[106] Calvo G A. Staggered Prices in a Utility-Maximizing Framework [J]. Journal of Monetary Economics, 1983, 12 (3): 383 – 398.

[107] Calvo G A, Végh C A. Inflation Stabilization and BOP Crises in Developing Countries [J]. Handbook of Macroeconomics, 1999, 25 (1): 1532 – 1614.

[108] Clarida R, Gali J, Gertler M. The Science of Monetary Policy: A New Keynesian Perspective [R]. National Bureau of Economic Research, 1999.

[109] Clarida R, Gali J, Gertler M. Monetary Policy Rules and Macroeconomic Stability: Evidence and Some Theory [J]. The Quarterly Journal of Economics, 2000, 115 (1): 147 – 180.

[110] Clarida R H, J Gali M. Gertler, Optimal Monetary Policy in Open versus Closed Economies: An Integrated Approach [J]. American Economic Re-

view, 2001, 92 (2): 248 -252.

[111] Collard F, Dellas H. Poole in the New Keynesian Model [J]. European Economic Review, 2005, 49 (2): 887 -907.

[112] Devereux M B C. Engel Monetary Policy in an Open Economy Revisited: Price Setting and Exchange Rate Flexibility [J]. Review of Economic Studies, 2003, 70 (4): 765 -783.

[113] Dornbusch, Rudiger, Expectations and Exchange Rate Dynamics [J]. Journal of Political Economy, 1976, 84 (6): 1161 -1176.

[114] Dueker M J, Fischer A M. A Guide to Normal Feedback Rules and Their Use for Monetary Policy [J]. Federal Reserve Bank of St Louis Review, 1998, 80 (July): 55 -63.

[115] Edwards S, Yeyati E L. Flexible Exchange Rates as Shock Absorbers [J]. European Economic Review, 2005 (49): 2079 -2105.

[116] Erceg Christopher J, Luca Guerrieri, Steven B Kamin. Did Easy Money in the Dollar Bloc Fuel the Oil Price Run - Up International [J]. Journal of Central Banking, 2011, 7 (1): 131 -160.

[117] Frankel J, Sergio S L. Verifiability and the Vanishing Intermediate Exchange Rate Regime [J]. Journal of Development Economics, 2001 (66): 351 -386.

[118] Fratzscher M. The Dollar Bloc and the Yen Bloc: How Much Monetary Policy Independence Can Exchange Rate Flexibility Buy in an Interdependent World [R]. European Central Bank Working Paper, No. 0154, 2002: 4 -38.

[119] Friedman M, Schwartz A. A Monetary History of the United States, 1867 -1960 [M]. Princeton University Press, 1963.

[120] Friedman and Kutter. Money Income Price and Interest Rate January [J]. American Economic Review, 1992, 82 (3): 472 -492.

[121] Garcia C J, Restrepo J E, Roger S. How Much Should Inflation Targeters Care about the Exchange Rate [J]. Journal of International Money & Finance, 2011, 30 (7): 1590 -1617.

[122] Genberg H, Salemi M K, Swoboda A. The Relative Importance of

Foreign and Domestic Disturbances for Aggregate Fluctuations in the Open Economy [J]. Journal of Monetary Economics, 1987 (19): 45 - 67.

[123] Grabel I. Predicting Financial Crises in Developing Economies: Astronomy or Astrology [J]. Eastern Economic Journal, 2003, 29 (2): 243 - 258.

[124] Gali J, Monacelli T. Monetary Policy and Exchange Rate Volatility in a Small Open Economy [J]. Review of Economic Studies, 2005, 72 (3): 707 - 734.

[125] Gertler M, Gilchrist S, Natalucci F. External Constraints on Monetary Policy and the Financial Accelerator [J]. Journal of Money Credit and Banking, 2007, 39 (2): 295 - 330.

[126] IMF. Recent Experiences in Managing Capital inflows—Cross Cutting Themes and Possible Policy Framework [R]. IMF Policy Paper, 2011.

[127] IMF. The Liberalization and Management of Capital Flows: An Institutional View [R]. IMF Policy Paper, Nov. 14, 2012.

[128] Jeanne O. Macroprudential Policies in a Global Perspective [R]. NBER Working Papers, 2014.

[129] Jongwanich J, Kohpaiboon A. Capital Flows and Real Exchange Rates in Emerging Asian Countries [J]. Journal of Asian Economics, 2013 (24): 138 - 146.

[130] Joshua Aizenman, Menzie D Chinn, Hiro Ito. The Emerging Global Financial Architecture: Tracing and Evaluating New Patterns of the Trilemma Configuration [J]. Journal of International Money and Finance, 2010, 29 (4).

[131] Klein M W. Shambaugh J C. Rounding the Corners of the Policy Trilemma: Sources of Monetary Policy Autonomy [R]. NBER Working Paper, No. 19461, 2013.

[132] Korinek A, Sandri D. Capital Controls or Macroprudential Regulation [J]. Journal of International Economics, 2016, 99: S27 - S42.

[133] Krugman. Increasing Return, Monopolistic Competition International Trade [J]. Journal of International Economics, 1979 (9): 469 - 479.

[134] Lastrapes W D, Koray F. International Transmission of Aggregate Shocks under Fixed and Flexible Exchange Rate Regimes: United Kingdom,

France, and Germany, 1959 to 1985 [J]. Journal of International Money and Finance, 1990 (9): 402 -423.

[135] Makin A J, Rohde N. Has Australia's Floating Exchange Rate Regime been Optimal [J]. Economic Modeling, 2012, 29 (4): 1338 -1343.

[136] McCallum B T. Are Bond-financed Deficits Inflationary? A Ricardian Analysis [J]. Journal of Political Economy, 1984, 92 (1): 123 -135.

[137] Michael B, Devereux P R, Lane X J. Exchange Rates and Monetary Policy in Emerging Market [J]. Economic Journal, Royal Economic Society, 2006, 511 (116): 478 -506.

[138] Mishkin F S, Savastano M A. Monetary Policy Strategies for Latin America [J]. Policy Research Working Paper Series, 2001, 66 (2): 415 -444.

[139] Monacelli T. Monetary Policy in a Low Pass-through Environment [J]. Journal of Money, Credit and Banking, 2005, 37 (6): 1047 -1066.

[140] Moore T, Wang P. Dynamic Linkage Between Real Exchange Rates and Stock Prices: Evidence from Developed and Emerging Asian Markets [J]. International Review of Economics and Finance, 2014 (29): 1 -11.

[141] Mundell R A. A Theory of Optimum Currency Areas [J]. The American Economic Review, 1961, 51 (4): 657 -665.

[142] Mundell R A. Capital Mobility and Stabilization Policy Under Fixed and Flexible Exchange Rates [J]. Canadian Journal of Economics and Political Science/Revue Canadienne de Economiques et Science Politique, 1963, 29 (4): 475 -485.

[143] Obstfeld M, Rogoff K. Exchange Rate Dynamic Redux [R]. NBER Working Paper, No. 4693, 1994.

[144] Obstfeld M, J C Shambaugh, A M Taylor. The Trilemma in History: Tradeoffs among Exchange Rates, Monetary Policies, and Capital Mobility [J]. Review of Economics and Statistics, 2005, 87 (3): 423 -438.

[145] Obstfeld M, Rogoff K. The Mirage of Fixed Exchange Rates [J]. Journal of Economic Perspectives, American Economic Association, 1995, 9 (4): 73 -96.

[146] Ostry J D, A R Ghosh M, M Chamon. Two Targets, Two Instruments: Monetary and Exchange Rate Policies in Emerging Market Economies [J]. IMF Discussion Notes, 2012.

[147] Ozkan G, Unsal F. On the Use of Monetary and Macro-Prudential Policies for Small Open Economies [R]. IMF Working Paper, 2014 Plantin G, Shin H. Exchange Rates and Monetary Spillovers [J]. Theoretical Economics, 2018, 13 (2): 637-666.

[148] Paoli B De. Monetary Policy and Welfare in a Small Open Economy [J]. Journal of International Economics, 2009, 77 (1): 11-22.

[149] Poole W. Optimal Choice of Monetary Policy Instruments in a Simple Stochastic Macro Model [J]. The Quarterly Journal of Economics, 1970, 84 (2): 197-216.

[150] Razzak W A. Is the Taylor Rule Really Different from the McCallum Rule [J]. Contemporary Econmic Policy, 2003, 67 (1): 2-19.

[151] Rey H. Dilemma not Trilemma: The Global Financial Cycle and Monetary Policy Independence [R]. NBER Working Paper, No. 21162, 2015.

[152] Sargent Thomas J, Neil Wallace. Rational Expectations, the Optimal Monetary Instrument and the Optimal Money Supply Rule [J]. Journal of Political Economy, 1975, 83 (3): 242-254.

[153] Sims C A. Macroeconomics and Reality [J]. Econometrica: Journal of the Econometric Society, 1980, 21 (1): 1-48.

[154] Robert A Mundell. The Monetary Dynamics of International Adjustment under Fixed and Flexible Exchange Rates [J]. The Quarterly Journal of Economics, 1960, 74 (2).

[155] Shambaugh J C. The Effect of Fixed Exchange Rates on Monetary Policy [J]. Quarterly Journal of Economics, 2004, 119 (1): 301-352.

[156] Stock J H, Watson M W. New Indexes of Coincident and Leading Economic Indicators [J]. NBER Macroeconomics Annual, 1989, 41 (1): 351-394.

[157] Svensson Lars E O. Inflation Targeting as a Monetary Policy Rule [J]. Journal of Monetary Econmics, 1999, 43 (1): 607-654.

［158］ Williams John C. Simple rules for monetary policy ［J］. Divisions of Research & Statistics and Monetary Affairs, Federal Reserve Board, 1999, 99 (12): 1 – 15.

［159］ Woodford M. Optimal Monetary Policy Inertia ［R］. NEBR Working Paper, No 7261, 1999.

［160］ Woodford M, Walsh C E. Interest and Prices: Foundations of a Theory of Monetary Policy ［M］. Princeton: Princeton University Press, 2003.